IMPRESSUM

Math. Lempertz GmbH
Hauptstraße 354
53639 Königswinter
Tel.: 02223-900036
Fax: 02223-900038
info@edition-lempertz.de
www.edition-lempertz.de

Genehmigte Sonderausgabe für Weltbild GmbH & Co. KG,
Werner-von-Siemens-Str. 1, 86159 Augsburg

Dieses Kochbuch wurde nach bestem Wissen und Gewissen verfasst. Weder der Verlag noch der Autor tragen die Verantwortung für ungewollte Reaktionen oder Beeinträchtigungen, die aus der Verarbeitung der Zutaten entstehen. Die Rezepte wurden mit Liebe getestet, aber nicht an Tieren.
Der Markenname „Thermomix" ist rechtlich geschützt und wird nur als Bestandteil der Rezepte verwendet. Für Schäden, die bei der Zubereitung der Gerichte an Personen oder Küchengeräten entstehen, wird keine Haftung übernommen.
Bitte beachte die Anwendungshinweise der Gebrauchsanweisung deines Thermomixgerätes.

LIKE US ON facebook www.facebook.com/MIXtippRezepte

Titelbild: Fotolia
Lektorat: Team mixtipp
Layout/Satz: Kerstin Pfeiffer
Gesamtherstellung: Print Consult GmbH, München
Printed and bound in Slovenia

ISBN: 978-3-8289-2863-3

Bildnachweis:
©fotolia.de: Barbara, Kitty, Sibylle, Dora Zett, ASK-Fotografie, jfunk, Brad Pict, Björn Wylezich, fredograf, megakunstfoto, asab974, Tobias Arhelger, shaiith, Björn Wylezich, Scovos, Ludmila Travina, arborpulchra, A_Lein, trendyrowdy, superfood, Photo SG, Doris Heinrichs, sonyakamoz, wsf-f, photocrew, ji_images, vaso, JS, Michael Eberhardt, Richard Villalon, HLPhoto, Christian Jung, id-art, remstalknipser, emmi, DPRM, Sondem, FomaA, Patryssia, aliengel, Ruslan Mitin, kei u, Polarpx, Grycaj, mako, Robert Kneschke, Mara Zemgaliete, William, Martinan, Firma V, Gina Sanders, MNStudio, Stefan Gräf, Zerbor, pinkyone, BlueOrange Studio, gpointstudio, kristall, thingamajiggs, Rawpixel.com, Miredi, mellevaroy, ghazii, alexandrum01, Mykola Velychko, Voyagerix, Brebca, Jean Kobben, chrisberic, morrowlight, famveldman, okskukuruza, VRD, suzanam
©Shutterstock: Teri Virbickis, EasterBunny, Rawpixel.com
©Ariane Mackenzie, Kunstwerkstatt Horst Klein, Thermimaus, Sabine Simon, Patrick Sun, Jörg Knobloch, Patrizia Berkholz, Sylvia Lühert

FSC
www.fsc.org
MIX
Papier aus verantwortungsvollen Quellen
FSC® C084279

Herausgegeben von mixtipp

Antje Watermann

Lieblings BACKREZEPTE

für den Thermomix®

Weltbild

INHALT

KEKSE

SÜSSE TEILCHEN

SCHOKOLADIGE KUCHEN & TORTEN

KÄSEKUCHEN/ CREME- & SAHNETORTEN

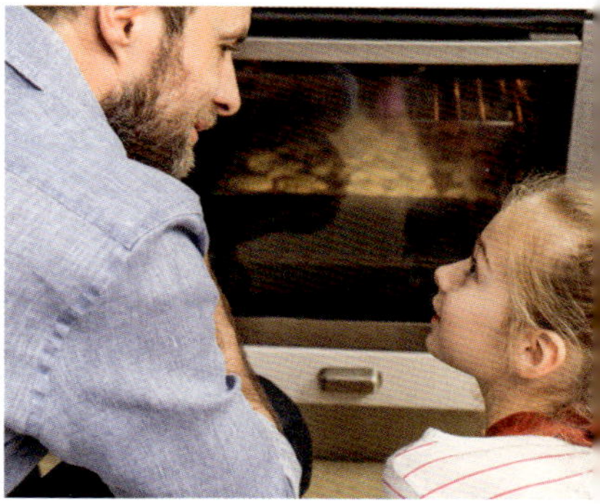

RÜHRKUCHEN

OBSTKUCHEN UND -TORTEN

HERZHAFTES GEBÄCK

BROTE & CO.

Lieblings BACKREZEPTE

Liebe Thermomixfreunde,

stellt euch mal eine Geburtstagsfeier ohne Kuchen, ein Buffet ohne Quiche und einen Kindergeburtstag ohne süße Teilchen vor – wäre das möglich? Selbstverständlich nicht. Eine Festivität oder überhaupt ein Tag ohne diese kohlenhydratreichen Produkte scheint oft schier unvorstellbar. Dabei sah es in der Geschichte des Menschen oft etwas anders aus.
Bevor die Sahnetorte Einzug in unseren Alltag hielt, war das Brot stets ein wichtiger Begleiter des Menschen: Bereits 5000 v. Chr. strich man Getreidebrei auf Stein und backte diesen in heißer Glut zu Fladen. In Mesopotamien entwickelte man schließlich die moderne Backkunst.
Im Mittelalter wurde nur in Klöstern und reichen Haushalten gebacken, wo das Brot als Unterlage der Speise diente. Die einfache Bevölkerung ernährte sich in Mitteleuropa weiterhin von Getreidebrei. Erst die florierenden Städte des Hochmittelalters brachten einen Aufschwung des Bäckerhandwerks mit sich. Kuchen und Süßes war der Unterschicht jedoch weiterhin verwehrt – weit bis ins 18. Jahrhundert hinein konnte sich nur der Adel diesen Luxus leisten. Doch dann wurde der Zucker aufgrund des Kolonialismus populärer und als Nahrungsmittel auch für Nichtadlige erschwinglich. Ferner entwickelte der Wissenschaftler Franz Carl Achard eine Technik, mit der man aus Rüben Zucker gewinnen konnte. In Schlesien baute man die erste Rübenzuckerfabrik, die den Zuckerbedarf Europas fürs Erste sicherte.
So ist viel Zeit ins Land gegangen, Gebäck- und Kuchenrezepturen haben sich gewandelt und stetig sind neue Ideen hinzugekommen. In unserem großen Backbuch haben wir die schönsten Backkreationen unserer mixtipp-Titel praktisch in einem Werk zusammengefasst. Das erspart euch das lästige Zusammensuchen der Rezepte für die Weihnachtsbäckerei und den Kindergeburtstag, denn jetzt habt ihr ein Backbuch für alle Fälle im Schrank stehen! Hier findet ihr knusprige Plätzchen, süße Teilchen, schokoladige Wohlfühlkuchen, cremige Sahnetorten und natürlich Brot und herzhaftes Gebäck. Egal, welches Rezept ihr sucht oder für welchen Anlass ihr backen wollt – für jede Eventualität seid ihr gerüstet. Ob ein Topfenstollen für die Adventszeit, eine Schokoladentarte als Dessert oder der Knoblauchzupfer zum Grillen mit Freunden – jede eurer Kreationen wird Freunde und Familie umhauen!

Antje Watermann

Herausgeberin, Edition Lempertz

KEKSE

*„Backen ist
aus Teig geformte
Liebe."*

1 Blech | 45 Min. | leicht

AFTER EIGHT HERZEN

Zubereitungszeit: 30 Minuten
Backzeit: 15 Minuten,
180°C Ober-/Unterhitze
Backutensilien: Backblech, herzförmige Ausstechform, Spritzbeutel mit dünner Tülle
Zutaten für ca. 1 Blech

- 100 g Minztäfelchen
- 50 g Zucker
- 125 g Butter, in Stücken, weich
- 1 Prise Salz
- 1 Ei, Größe M
- 230 g Weizenmehl, Type 405
- 5 g Backkakaopulver, z.B. von Bensdorp
- etwas Mehl für die Arbeitsfläche
- 150 g weiße Kuvertüre, in Stücken

1. Zerkleinere als Erstes die Minztäfelchen 5 Sekunden/ Stufe 5 und fülle sie in eine separate Schale.

2. Pulverisiere den Zucker im Mixtopf 10 Sekunden/ Stufe 10. Da der Zucker sehr staubt, warte 1 Minute bevor du den Deckel öffnest und gib dann Butter, Salz und die zerkleinerten Minztäfelchen hinzu. Rühre die Zutaten 1 Minute/ Stufe 3 schaumig.

3. Rühre als Nächstes das Ei 30 Sekunden/ Stufe 3 ein und füge das Mehl und das Kakaopulver hinzu. Verrühre alle Zutaten 1 Minute/ Stufe 4.

4. Heize den Backofen auf 180°C Ober-/Unterhitze vor und lege 1 Backblech mit Backpapier aus.

5. Rolle nun den Teig auf einer mit Mehl bestäubten Arbeitsfläche dünn aus und stich mit einer herzförmigen Ausstechform Herzen aus dem Teig. Lege die Herzen auf das Backblech und backe sie 15 Minuten/ 180°C Ober-/Unterhitze aus. Reinige den Mixtopf gründlich.

6. Lass die Kekse anschließend auf einem Kuchenrost auskühlen.

7. Zerkleinere die Kuvertüre im Mixtopf 8 Sekunden/ Stufe 8 und schmilz sie dann 5 Minuten/ 45°C/ Stufe 1. Fülle die geschmolzene Schokolade in einen Spritzbeutel mit dünner Tülle oder eine Gefriertüte, bei der du eine Ecke abschneidest, und verziere damit gitterförmig die ausgekühlten Kekse.

mixtipp

Du kannst die Herzen natürlich auch mit Zuckerglasur verzieren.

1 Glas | 5 Min. | leicht

BACKMISCHUNG IM GLAS: VANILLEKIPFERL

Zubereitungszeit: 5 Minuten
Zutaten für 1 Glas à 500 ml

200 g Mehl

1 TL Backpulver

100 g Mandeln, geschält

150 g Zucker

2 Vanilleschoten, in Stücke gebrochen

mixtipp

Versehe das Glas mit einem schönen Band und den Etiketten und schon machst du damit einen Menschen glücklich, der leider keinen Thermomix hat, die Plätzchen so aber schnell und unkompliziert fertig backen kann.

1. Fülle das Mehl mit dem darunter gemischten Backpulver mit Hilfe eines Trichters in das Glas ein.

2. Zerkleinere die eingewogenen Mandeln im Mixtopf 7 Sekunden/Stufe 10 fein und fülle sie vorsichtig auf das Mehl im Glas.

3. Pulverisiere den Zucker und die getrockneten Vanilleschoten 15 Sekunden/Stufe 10 und fülle den Vanillezucker langsam ins Glas dazu.

SCHREIBE EIN SCHÖNES ETIKETT MIT DEN ZUSÄTZLICH BENÖTIGTEN BACKZUTATEN:
200 g weiche Butter - 1 Ei, Größe M - Zucker, zum Bestäuben

UND EIN ETIKETT MIT DER BACKANLEITUNG:

1. *Backmischung mit der Butter und dem Ei in eine Rührschüssel füllen und mit dem Handrührgerät gut verkneten.*

2. *Den Teig zu einer 1 cm dicken Rolle formen und in ca. 5-6 cm lange Stücke schneiden. Diese zu Hörnchen formen.*

3. *Auf ein mit Backpapier belegtes Backblech legen und ca. 12 Minuten bei 180°C Ober-/Unterhitze goldgelb backen.*

4. *Abkühlen lassen und mit Vanillezucker bestäuben.*

Vanillekipferl

2 Bleche | 7 h | mittel

BÄRENTATZEN

Zubereitungszeit: 30 Minuten
Ruhezeit: mindestens 6 Stunden
Backzeit: 15 Minuten pro Blech, 180°C Ober-/Unterhitze
Backutensilien: Backbleche, Spritzbeutel mit großer Sterntülle, Kuchengitter
Zutaten für etwa 2 Bleche

- 100 g Zartbitterkuvertüre, in Stücken
- 125 g Edelbitterschokolade, in Stücken
- 250 g ganze Mandeln
- 3 Eiweiß, Größe M
- 1 Prise Salz
- 1 Bio-Zitrone
- 120 g Zucker
- ½ TL Zimt
- 1 Prise gemahlener Kardamom
- 100 g Nutella

1. Als Erstes zerkleinerst du die Zartbitterkuvertüre im Mixtopf 8 Sekunden/ Stufe 8 und füllst sie in eine Schale um.

2. Zerkleinere dann die Edelbitterschokolade 8 Sekunden/ Stufe 8 und fülle auch diese in eine separate Schale.

3. Als Nächstes zerkleinerst du die Mandeln 10 Sekunden/ Stufe 7 und gibst sie auch in eine separate Schale.

4. Reinige den Mixtopf sehr gründlich. Es dürfen keine Fettreste übrig bleiben!

5. Setze den Schmetterling auf die Klinge und schlage das Eiweiß mit dem Salz im Mixtopf 4 Minuten/ Stufe 4 zu Eischnee. Nimm den Schmetterling ab.

6. Wasche die Zitrone unter warmem Wasser, trockne sie und reibe mit einer feinen Reibe die Schale in den Mixtopf. Füge auch die zerkleinerte Edelbitterschokolade, die zerkleinerten Mandeln, den Zucker, den Zimt und den Kardamom hinzu und rühre alle Zutaten 2 Minuten/ Stufe 3 unter.

7. Fülle den Teig portionsweise in den Spritzbeutel und spritze ihn in 6 cm lange Streifen auf die mit Backpapier ausgelegten Backbleche. Lass zwischen den einzelnen Streifen genug Abstand, da der Teig beim Backen noch etwas aufgeht und die Teigstreifen sonst miteinander verkleben. Die Teigstreifen müssen dann mindestens 6 Stunden an einem trockenen Ort lagern.

8. Nach der Ruhezeit heizt du den Backofen auf 180°C Ober-/Unterhitze vor und backst die Teigstreifen auf den Blechen nacheinander jeweils 15 Minuten/ 180°C Ober-/Unterhitze aus.

9. Lass die ausgebackenen Bärentatzen anschließend auf einem Kuchengitter abkühlen.

10. Bestreiche immer eine Bärentatze mit Nutella und belege diese dann mit einer trockenen Bärentatze. Wiederhole diesen Vorgang, bis keine mehr übrig sind.

11. Schmelze die zerkleinerte Zartbitterkuvertüre im Mixtopf 5 Minuten/ 45°C/ Stufe 1 und fülle die geschmolzene Schokolade in ein Schälchen. Tunke dann die einzelnen Tatzen an einer Seite in die Schokolade und lass sie anschließend auf einem Kuchengitter trocknen.

30 Stück | 40 Min. | leicht

BETHMÄNNCHEN

Zubereitungszeit: 25 Minuten
Backzeit: 15 Minuten,
175°C Ober-/Unterhitze
Backutensilien: Backblech
Zutaten für 30 Stück

- 80 g Zucker
- 1 Ei, Größe M
- 80 g gemahlene Mandeln
- 200 g Marzipan, gewürfelt
- 20 g Mehl, Type 405
- 60 g Milch
- 30 g ganze Mandeln, geschält, blanchiert

1. Als Erstes pulverisierst du den Zucker im Mixtopf 10 Sekunden/ Stufe 10 zu Puderzucker. Warte 1 Minute, bevor du den Deckel öffnest, da der Zucker sehr staubt.

2. Trenne nun das Ei. Das Eigelb bewahrst du bis zur Weiterverarbeitung in einem separaten Schälchen auf. Das Eiweiß gibst du gemeinsam mit den gemahlenen Mandeln, dem Marzipan und dem Mehl zu dem Puderzucker in den Mixtopf und vermengst die Zutaten 20 Sekunden/ Stufe 4.

3. Verquirle im Schälchen das Eigelb mit der Milch und heize den Ofen auf 175°C Ober-/Unterhitze vor.

4. Aus der Mandel-Marzipan-Masse formst du nun kleine Kugeln. Es sollten ca. 30 Stück werden. Diese bestreichst du mit der Eigelb-Milch-Mischung und steckst eine Mandel in jede Kugel. Ab damit auf ein mit Backpapier ausgelegtes Backblech. Backe die Bethmännchen ca. 15 Minuten/ 175°C Ober-/Unterhitze auf der mittleren Schiene aus.

2 Bleche | 2 h 41 Min. | leicht

BUTTERPLÄTZCHEN

Zubereitungszeit: 25 Minuten
Ruhezeit: mindestens 2 Stunden
Backzeit: 8 Minuten,
170°C Ober-/Unterhitze
Backutensilien: weihnachtliche Ausstechformen, Backblech
Zutaten für 2 Bleche

125 g Zucker
250 g Butter, in Stücken
375 g Mehl, Type 405
3 Eigelb, Größe M
1 Päckchen Vanillezucker
1 Eigelb, Größe M, verquirlt
Zucker zum Bestreuen

1. Als Erstes pulverisierst du den Zucker im Mixtopf 10 Sekunden/ Stufe 10 zu Puderzucker. Warte 1 Minute, bevor du den Deckel öffnest, da der Zucker sehr staubt.

2. Gib dann die Butter, das Mehl und die Eigelbe zum Puderzucker in den Mixtopf und knete daraus 40 Sekunden/ Stufe 4 einen Teig. Nimm ihn aus dem Mixtopf, forme eine Kugel und wickle diese in Frischhaltefolie ein. Nun sollte die Teigkugel mindestens zwei Stunden im Kühlschrank ruhen. Wenn der Teig über Nacht dort ruht, tut ihm das nur gut!

3. Heize vor dem Ausrollen des Teiges schon einmal den Backofen auf 170°C Ober-/Unterhitze vor und lege ein Backblech mit Backpapier aus.

4. Dann rollst du den Teig dünn aus, stichst deine weihnachtlichen Wunschmotive aus und legst sie auf ein Backblech. Mit dem verquirlten Eigelb bestreichen und leicht mit Zucker bestreuen.

5. Backe die Plätzchen 8 Minuten/ 170°C Ober-/ Unterhitze auf der mittleren Schiene im Backofen. Behalte die buttrig-zarten Plätzchen immer im Auge – sie verbrennen schnell.

45 Stück | 1 h | leicht

CRANBERRY-CANTUCCINI

Zubereitungszeit: 8 Minuten
Ruhezeit: 30 Minuten
Backzeit: 22 Minuten, 140°C/ 160°C Umluft
Backutensilien: Backblech
Zutaten für ca. 45 Stück

100 g Walnüsse
250 g Mehl
150 g Zucker
1 TL Backpulver
1 Päckchen Vanillezucker
1 TL Lebkuchengewürz
1 Prise Salz
50 g Butter, weich
2 Eier, Größe M
75 g getrocknete Cranberries

1. Zuerst werden die Walnüsse 3 Sekunden/ Stufe 5 grob zerkleinert. Fülle die Nüsse anschließend in eine Schale um.

2. Danach verarbeitest du die übrigen Zutaten – Mehl, Zucker, Backpulver, Vanillezucker, Lebkuchengewürz, Salz, Butter und Eier – 1 Minute/ Teigknetstufe zu einem Teig.

3. Gib die zerkleinerten Walnüsse und die Cranberries hinzu und mische die Zutaten 30 Sekunden/ Teigknetstufe unter den Teig.

4. Forme aus dem Teig 4 gleich große Rollen, die du alle auf ein mit Backpapier belegtes Backblech legst. Lass die Teigrollen an einem kühlen Ort 30 Minuten ruhen.

5. Heize währenddessen den Backofen auf 160°C Umluft vor. Backe die Rollen auf dem Backblech 12 Minuten/ 160°C Umluft. Schneide die warmen Rollen anschließend in ca. 1 cm breite Streifen.

6. Verteile diese Streifen auf dem Backblech und backe die Cantuccini noch einmal 10 Minuten/ 140°C Umluft fertig.

20 Stück | 39-51 Min. | leicht

ESQUECIDOS – PORTUGIESISCHES WEIHNACHTSGEBÄCK

Zubereitungszeit: 15 Minuten
Backzeit: 12 Minuten pro Blech, 180°C Ober-/Unterhitze
Backutensilien: Backbleche, Spritzbeutel, Kuchengitter
Zutaten für 20 Stück

- 4 Eier, Größe M
- 220 g Zucker
- 1 Prise Salz
- 2 Msp. Vanillemark
- abgeriebene Schale von ½ Bio-Orange
- 250 g Mehl, Type 405
- 1 Msp. Anis

mixtipp
Sehr lecker werden die Plätzchen, wenn sie vor dem Backen mit Mandelblättchen bestreut werden.

1. Schlage die Eier 10 Sekunden/ Stufe 4 auf. Füge Zucker, Salz, Vanillemark und die abgeriebene Schale der gewaschenen Orange hinzu und vermische die Zutaten 1 Minute 30 Sekunden/ Stufe 3. Heize nun schon einmal den Ofen auf 180°C Ober-/Unterhitze vor.

2. Vermische Mehl und Anispulver miteinander und gib die Mischung zu der Creme im Mixtopf. Rühre alles 2 Minuten/ Teigknetstufe zu einem Teig.

3. Belege 2-3 Backbleche mit Backpapier. Fülle den fertigen Teig in eine Spritztülle oder einen Gefrierbeutel, bei dem du die unterste Spitze abschneidest.

4. Forme auf den Backblechen etwa handtellergroße Teigkleckse, auf jedes Backblech passen ca. 6-9.

5. Backe die Backbleche nacheinander jeweils 12 Minuten/ 180°C Ober-/Unterhitze auf mittlerer Schiene.

6. Abschließend lässt du die Kekse auf einem Kuchengitter gut auskühlen.

2 Bleche | 35 Min. | leicht

HAFERFLOCKEN-CASHEW-PLÄTZCHEN

Zubereitungszeit: 15 Minuten
Backzeit: 10 Minuten pro Blech, 180°C Ober-/Unterhitze
Backutensilien: Backbleche
Zutaten für 2 Bleche

- 150 g Cashewkerne, geröstet, gesalzen
- 200 g Butter, weich, in Stücken
- 200 g kernige Haferflocken
- 2 Eier, Größe M
- 180 g brauner Zucker
- 1 Päckchen Vanillezucker
- 1 TL Zimt
- 50 g Weizenmehl, Type 405

mixtipp

Du kannst anstatt Cashewkernen auch Erdnüsse nehmen.

1. Für die Kekse zerkleinerst du als Erstes die Cashewkerne im Mixtopf 4 Sekunden/ Stufe 5 und füllst sie in eine Schale um.

2. Heize den Backofen auf 180°C Ober-/Unterhitze vor und lege 2 Backbleche mit Backpapier aus.

3. Schmelze nun die Butter im Mixtopf 2 Minuten/ 100°C/ Stufe 2 und füge die Haferflocken hinzu. Rühre die Haferflocken mit Hilfe des Spatels kurz in die Butter ein und lass sie dann 5 Minuten/ 90°C/ Linkslauf/ Stufe 1 in der Butter dünsten. Fülle die Butter-Haferflocken-Mischung anschließend in eine separate Schale.

4. Verrühre nun Eier, Zucker, Vanillezucker, Zimt und Mehl im Mixtopf 2 Minuten/ Stufe 4 und füge dann die Butter-Haferflocken-Mischung hinzu. Verrühre den Teig 30 Sekunden/ Stufe 3.

5. Gib die zerkleinerten Cashewkerne hinzu und verrühre den Teig erneut 4 Sekunden/ Stufe 3.

6. Verteile nun mit 2 Teelöffeln den Teig portionsweise auf die mit Backpapier ausgelegten Backbleche. Da die Kleckse sich beim Backen ausdehnen, lass zwischen diesen etwa 5 cm Abstand.

7. Backe die Kekse im vorgeheizten Backofen nacheinander 10 Minuten/ 180°C Ober-/Unterhitze aus.

70 Stück | 2 h - 2 h 5 Min. | leicht

HASELNUSSMAKRONEN

Zubereitungszeit: 40 Minuten
Ruhezeit: 1 Stunde
Backzeit: 20-25 Minuten, 140°C Ober-/Unterhitze
Backutensilien: Backblech
Zutaten für 70 Stück

- 500 g ganze Haselnüsse
- 50 g Vollmilchschokolade, in Stücken
- 20 g Vanillezucker
- 5 g Zimt
- 6 Eiweiß, Größe M
- 340 g Zucker
- Oblaten, Ø 5 cm
- ganze Haselnüsse zum Garnieren

1. Als Erstes zerkleinerst du die Haselnüsse 10 Sekunden/ Stufe 10 im Mixtopf und stellst sie in einer Schüssel beiseite. Danach raspelst du die Schokolade im Mixtopf 8 Sekunden/ Stufe 8 und gibst sie zu den Haselnüssen. Rühre unter die Zutaten den Vanillezucker und den Zimt.

2. Im gut gereinigten und fettfreien Mixtopf schlägst du nun das Eiweiß steif. Hierfür setzt du den Schmetterling ein und schlägst das Eiweiß 2-3 Minuten/ Stufe 4 steif. Lass dann den Zucker einrieseln und schlage die Mischung weitere 5 Minuten/ Stufe 4 weiter. Entferne den Schmetterling und hebe das Eiweiß mit einem Schneebesen vorsichtig unter die Nussmischung.

3. Heize nun den Backofen auf 140°C Ober-/Unterhitze vor. Lege ein Backblech mit Backpapier aus. Mithilfe eines Teelöffels stichst du die Makronenmasse ab und setzt jeweils ein kleines Häufchen auf die Oblaten. Achte darauf, einen kleinen Rand freizulassen. Drücke in jede Makrone eine Haselnuss und lass die Makronen nun 1 Stunde antrocknen.

4. Schiebe dann das Backblech in den Ofen und trockne die Makronen 20-25 Minuten/ 140°C Ober-/ Unterhitze. Achte darauf, dass die Makronen noch saftig sind.

1 Blech | 4 h 42 Min. | mittel

ISCHLER MANDELSCHNITTEN

Zubereitungszeit: 30 Minuten
Ruhezeit: 4 Stunden
Backzeit: 12 Minuten, 180°C Ober-/Unterhitze
Backutensilien: Backblech
Zutaten für 1 Blech

- 180 g Mandeln
- 1 Bio-Zitrone
- 200 g Butter, in Stücken, weich
- 120 g Zucker
- 1 Eigelb, Größe M
- 270 g Weizenmehl, Type 405
- 150 g Zartbitterkuvertüre, in Stücken
- 200 g Himbeerkonfitüre
- 100 g Mandelhälften zum Verzieren, geschält

1. Für den Teig zerkleinerst du die Mandeln im Mixtopf 10 Sekunden/ Stufe 7 und füllst sie in eine separate Schale um.

2. Wasche die Zitrone unter warmem Wasser, trockne sie und reibe mit einer feinen Reibe die Hälfte der Zitronenschale in den Mixtopf. Füge dann auch Butter, Zucker und Eigelb hinzu und verrühre die Zutaten 1 Minute/ Stufe 3.

3. Als Nächstes gibst du das Mehl und die zerkleinerten Mandeln dazu und rührst beides mit Hilfe des Spatels 30 Sekunden/ Stufe 4 unter. Schiebe dann mit dem Spatel die Teigreste nach unten und verrühre den Teig erneut mit Hilfe des Spatels 20 Sekunden/ Stufe 5.

4. Forme aus dem Teig eine Kugel, wickle diese in Frischhaltefolie und lege sie für 4 Stunden in den Kühlschrank.

5. Nach der Ruhezeit rollst du den Teig auf einem Backpapierbogen aus. Am besten geht das, wenn du den Teig mit Frischhaltefolie bedeckst und ihn dann ausrollst. Die Frischhaltefolie verhindert, dass der Teig an der Teigrolle haften bleibt.

6. Heize den Backofen auf 180°C Ober-/Unterhitze vor und schneide den Teig mit Hilfe eines Messers in etwa 4 x 2 cm große Rechtecke. Backe die Schnitten dann im vorgeheizten Backofen 12 Minuten/ 180°C Ober-/Unterhitze aus.

7. Reinige währenddessen den Mixtopf gründlich und erhitze darin die Himbeerkonfitüre 2 Minuten/ 60°C/ Stufe 2, bis sie flüssig ist. Streiche die flüssige Himbeerkonfitüre durch ein feines Sieb und bestreiche damit nach dem Backen die Hälfte der noch heißen, ausgebackenen Schnitten. Mit der anderen Hälfte der Schnitten belegst du die bestrichenen Schnitten und lässt sie auf einem Kuchengitter auskühlen.

8. Reinige den Mixtopf gründlich.

9. Nun zerkleinerst du die Zartbitterkuvertüre im Mixtopf 8 Sekunden/ Stufe 8, schiebst die Stücke mit dem Spatel nach unten und schmilzt die Kuvertüre dann 5 Minuten/ 45°C/ Stufe 1.

10. Bestreiche die ausgekühlten Schnitten mit der Kuvertüre und belege sie jeweils mit einer Mandelhälfte.

mixtipp

Zum Entfernen der Schale legst du die Mandeln eine Stunde in heißes Wasser.

ca. 40 Stück | 1 h 20 Min. | mittel

KOKOSECKEN

Zubereitungszeit: 30 Minuten
Ruhezeit: 30 Minuten
Backzeit: 20 Minuten, 160°C Umluft
Backutensilien: Backblech
Zutaten für ca. 40 Stück

Für den Teig:

- 160 g Mehl, Type 405
- ½ TL Backpulver
- 1 Ei, Größe M
- 65 g Margarine, in Stücken
- 50 g Zucker
- 1 Päckchen Vanillezucker
- 1 Prise Salz
- Aprikosenkonfitüre, nach Belieben

Für den Belag:

- 110 g Butter, in Stücken, weich
- 75 g Zucker
- 1 Päckchen Vanillezucker
- 200 g Kokosflocken
- 20 g Wasser

1. Heize zunächst den Backofen auf 160°C Umluft vor und lege das Backblech mit Backpapier aus.

2. Gib nun Mehl und Backpulver in den Mixtopf und vermische beides 5 Sekunden/ Stufe 8. Füge anschließend Ei, Margarine, Zucker, Vanillezucker und Salz hinzu und verrühre die Zutaten 3 Minuten/ Teigknetstufe. Forme den Teig zu einer Kugel, verpacke ihn in Frischhaltefolie und stelle ihn für mindestens eine halbe Stunde kalt.

3. Nach Ablauf der Zeit musst du den Teig auf dem Backblech so ausrollen, dass das Blech gleichmäßig bedeckt ist, und dünn mit Aprikosenkonfitüre bestreichen. Reinige den Mixtopf.

4. Für den Belag verrührst du nun die zimmerwarme Butter mit dem Zucker, Vanillezucker, den Kokosflocken und dem Wasser 5 Minuten/ 100°C/ Stufe 2.

5. Lass die Kokosmasse etwas abkühlen, verteile sie gleichmäßig auf dem Teig und backe die Kokosecken 20 Minuten/ 160°C Umluft im Backofen.

6. Nach dem Auskühlen schneidest du die Kokosecken in die gewünschte Form.

2 Bleche | 2 h 41 Min. | leicht

LINZER PLÄTZCHEN

Zubereitungszeit: 25 Minuten
Ruhezeit: 2 Stunden
Backzeit: 8 Minuten,
200°C Ober-/Unterhitze
Backutensilien:
Ausstechformen, Backblech
Zutaten für 2 Bleche

185 g Zucker
300 g Mehl, Type 405
225 g Butter, in Stücken
100 g gemahlene Haselnüsse
10 g Vanillezucker
1 Prise Salz

Für die Fertigstellung:

10 g Vanillezucker
75 g Johannisbeergelee

1. Als Erstes pulverisierst du den Zucker im Mixtopf 10 Sekunden/ Stufe 10 zu Puderzucker. Warte 1 Minute, bevor du den Deckel öffnest, da der Zucker sehr staubt. Nimm davon 60 g ab und stelle diese in einer Schüssel beiseite.

2. Gib nun Mehl, Butter, Haselnüsse, Vanillezucker und Salz zum Puderzucker in den Mixtopf und knete aus den Zutaten 2 Minuten/ Teigknetstufe einen Teig. Nimm den Teig aus dem Mixtopf, wickle ihn in Frischhaltefolie und lass ihn mindestens 2 Stunden im Kühlschrank ruhen.

3. Heize danach schonmal den Backofen auf 200°C Ober-/Unterhitze vor und lege ein Backblech mit Backpapier aus.

4. Rolle den Teig auf einer bemehlten Arbeitsfläche 3 mm dick aus und stich verschiedene Motive aus – Weihnachtsbäume, Sterne oder Kreise. Backe die Plätzchen 8 Minuten/ 200°C Ober-/Unterhitze aus.

5. Vermische in der Zwischenzeit den restlichen Puderzucker mit dem Vanillezucker. Nach dem Backen wälzt du die obere Seite der Hälfte der Plätzchen in der Zuckermischung. Lass sie nun auskühlen. Die andere Hälfte der Plätzchen bestreichst du unten drunter mit dem Johannisbeergelee. Setze beide Hälften dann zusammen.

50 Stück | 25 Min. | leicht

ENGLISCHE ORANGEN-GRIESS-BISCUITS

Zubereitungszeit: 10 Minuten
Backzeit: 15 Minuten,
200°C Ober-/Unterhitze
Backutensilien: Backblech
Zutaten für 50 Stück

- 250 g Weichweizengrieß
- 170 g Butter, in Stücken, weich
- 170 g Zucker
- 100 g Mehl
- Schale von 2 Bio-Orangen
- 2 Eier, Größe M

mixtipp
Es weihnachtet sehr – gib zusätzlich einfach 1 TL Zimt in den Teig.

1. Als Erstes heizt du den Ofen auf 200°C Ober-/Unterhitze vor.

2. Für das Grießmehl pulverisierst du 200 g Grieß 30 Sekunden/ Stufe 10. Warte 1 Minute, bis sich der Staub gelegt hat.

3. Danach gibst du den restlichen Grieß mit Butter, Zucker, Mehl und Orangenschale dazu und vermischst die Zutaten 20 Sekunden/ Stufe 4. Schiebe alles mit dem Spatel nach unten.

4. Erst dann fügst du die Eier hinzu und verrührst alles noch einmal 20 Sekunden/ Stufe 4.

5. Stich mit einem Teelöffel kleine Häufchen ab und lege diese mit etwas Abstand auf ein mit Backpapier ausgelegtes Backblech. Du kannst auch mit feuchten Händen kleine Kügelchen formen.

6. Backe die Biscuits 15 Minuten/ 200°C Ober-/Unterhitze und lass sie auskühlen, bevor du sie vom Blech nimmst.

Diese Orangenplätzchen sind einfach und extrem schnell zubereitet. Der Grieß macht sie schön knusprig und die Orange verleiht ihnen einen ganz besonderen Touch. Natürlich kannst du auch Zitronenkekse daraus machen – ersetze einfach die Orangen- durch Zitronenschale.
Die kleinen Plätzchen passen wunderbar zu Eis oder zum Kaffee oder: schön eingepackt als kleines Geschenk.

VECK

25 Stück | 28-30 Min. | leicht

SCHOKOLADEN-CHIP-COOKIES

Zubereitungszeit: 20 Minuten
Backzeit: 8-10 Minuten, 180°C Umluft
Backutensilien: Backbleche
Zutaten für 25 Stück

170 g Mehl
½ TL Backpulver
1 Prise Salz
110 g Butter, in Stücken, weich
160 g Zucker
1 Ei, Größe M
35 g leicht geröstete Haselnüsse, grob gehackt
70 g Walnüsse, grob gehackt
210 g Schokoladen-Chips oder dunkle Kuvertüre, 70 % Kakaogehalt, gehackt

1. Zu Beginn heizt du den Backofen auf 180°C Umluft vor und legst zwei Backbleche mit Backpapier aus.

2. Siebe das Mehl und das Backpulver in eine Schüssel und gib das Salz dazu. Rühre die Butter und den Zucker im Mixtopf mit dem Schmetterling 2 Minuten/ Stufe 3 schaumig.

3. Dann rührst du das Ei 1 Minute/ Stufe 3 unter und entfernst den Schmetterling.

4. Füge jetzt die Mehlmischung, die gehackten Hasel- und Walnüsse und die Schokoladen-Chips 10-15 Sekunden/ Linkslauf/ Stufe 3 hinzu.

5. Anschließend setzt du ca. 3 cm große Teighäufchen mit Abstand auf das mit Backpapier ausgelegte Backblech. Drücke die Teighäufchen leicht platt. Backe die Cookies 8-10 Minuten/ 180°C Umluft goldbraun. Die Plätzchen anschließend herausnehmen und abkühlen lassen.

40 Stück | 1 h 50 Min. | leicht

SPEKULATIUS

Zubereitungszeit: 35 Minuten
Kühlzeit: 1 Stunde
Backzeit: 15 Minuten, 175°C Ober-/Unterhitze
Backutensilien: Spekulatius-Model, Backblech
Zutaten für 40 Stück

- 50 g Marzipanrohmasse, in Stücken
- 200 g Butter, in Stücken, weich
- 150 g brauner Zucker
- 1 Ei, Größe M
- 1 TL Kakaopulver
- 2 TL Spekulatiusgewürz
- 300 g Dinkelmehl
- 100 g geschälte, gemahlene Mandeln
- 1 EL Speisestärke
- 2 EL Milch
- Mehl zum Bestäuben der Arbeitsfläche

1. Gib alle Zutaten bis auf Speisestärke und Milch zusammen in den Mixtopf und verknete sie 3 Minuten/ Teigknetstufe.

2. Anschließend wickelst du den fertigen Teig in Frischhaltefolie und stellst ihn für 1 Stunde im Kühlschrank kalt.

3. Heize den Backofen auf 175°C Ober-/Unterhitze vor. Bestäube jetzt die Arbeitsfläche mit etwas Mehl und rolle den Spekulatiusteig darauf 4-5 mm dick aus. Dann verteilst du die Speisestärke darüber und verreibst sie auf dem Teig.

4. Jetzt stichst du Spekulatius mit Spekulatius-Modeln deiner Wahl aus. Anschließend schneidest du die einzelnen Spekulatiusfiguren aus, verteilst sie auf einem mit Backpapier belegten Backblech und bestreichst sie mit der Milch.

5. Backe die Spekulatius im vorgeheizten Ofen auf mittlerer Schiene 15 Minuten/ 175°C Ober-/Unterhitze, bis sie goldbraun sind. Danach lässt du sie auf einem Kuchenrost abkühlen.

4 Bleche | 13 h 30 Min. | mittel

TRADITIONELLES OST-FRIESISCHES SPRITZGEBÄCK

Zubereitungszeit: 50 Minuten
Kühlzeit: 12 Stunden
Backzeit pro Blech: ca. 10-12 Minuten, 160°C/170°C Umluft
Backutensilien: Fleischwolf mit Keks-/Gebäckaufsatz, Backbleche
Zutaten für ca. 4 Bleche

- 300 g Nüsse oder Kokosraspeln
- 200 g Mehl
- 250 g weiche Margarine
- 250 g Zucker
- 1 Ei, Größe M
- ½ Päckchen Backpulver

mixtipp
Magst du weder Nüsse noch Kokosraspeln, nimm einfach eine Gesamtmenge von 500 g Mehl. Für Geschmack kann dann ein Fläschchen Zitronen- oder Rumaroma zugegeben werden.

1. Entscheidest du dich für die Variante mit Nüssen, werden diese als Erstes 8 Sekunden/ Stufe 8 zerkleinert. Die Kokosraspeln für die alternative Variante musst du nicht extra zerkleinern. Sie kommen in den Mixtopf.

2. Anschließend gibst du Mehl, Margarine, Zucker, Ei und Backpulver in den Mixtopf zu den gemahlenen Nüssen oder Kokosraspeln und knetest die Zutaten 3 Minuten/ Teigknetstufe. Unterstütze diesen Vorgang mit dem Spatel, da der Teig doch sehr fest ist. Danach musst du den Teig in Frischhaltefolie einwickeln und über Nacht in den Kühlschrank stellen.

3. Am nächsten Tag nimmst du den Teig 30 Minuten vor Gebrauch aus dem Kühlschrank und schneidest ihn in ca. 6 Teile. Danach gibst du die Teile einzeln in den Fleischwolf, setzt den Gebäckaufsatz ein und kurbelst den Teig durch die Maschine. Mit einem Messer trennst du die Keksrohmasse ab, wenn die Kekse die gewünschte Länge erreicht haben.

4. Lege die Kekse auf ein mit Backpapier belegtes Backblech. Sie werden dann ca. 10-12 Minuten/ 160-170°C Umluft gebacken. Die Kekse werden erst richtig knusprig, wenn du sie auskühlen lässt.

50 Stück | 40-45 Min. | leicht

ZIMTSTERNE

Zubereitungszeit: 30 Minuten
Backzeit: 10-15 Minuten, 150°C Umluft
Backutensilien: sternförmige Ausstechform, Backblech
Zutaten für 50 Stück

- 400 g Mandeln
- 200 g Puderzucker
- 3 Eiweiß, Größe M
- 1 EL Zimt
- 10 g Zitronensaft
- 25-50 g gemahlene Mandeln zum Ausrollen

mixtipp

In einer Blechdose mit Apfelschnitzen bleiben die Kekse schön saftig.

1. Als Erstes mahlst du die Mandeln im Mixtopf 10 Sekunden/ Stufe 10. Gib dann 100 g des Puderzuckers dazu und vermische beides 10 Sekunden/ Stufe 4.

2. Nun fügst du 2 Eiweiß und Zimt hinzu und verknetest alles 3 Minuten/ Teigknetstufe. Dann füllst du den Teig in eine Schüssel um.

3. Reinige jetzt den Mixtopf, setze den Schmetterling ein und schlage danach das restliche Eiweiß ca. 1 Minute 30 Sekunden/ Stufe 3 steif. Anschließend nimmst du den Schmetterling heraus, fügst den übriggebliebenen Puderzucker und den Zitronensaft hinzu und vermischst alles 30 Sekunden/ Stufe 3.

4. Streue die gemahlenen Mandeln auf die Arbeitsfläche und rolle den Teig ca. 1 cm dick darauf aus. Stich mit einer sternförmigen Form Plätzchen aus. Damit sich die Zimtsterne besser lösen, bestäubst du die Plätzchenform dabei immer wieder mit Puderzucker.

5. Jetzt legst du die Zimtsterne auf ein mit Backpapier belegtes Backblech und bestreichst sie mit dem Eischnee. Dann backst du sie im vorgeheizten Ofen 10-15 Minuten/ 150°C Umluft. Achte dabei darauf, dass der Plätzchenteig noch etwas feucht bleibt, sonst werden die Zimtsterne zu trocken.

6. Lass sie anschließend auf Kuchengittern abkühlen.

ca. 50 Stück | 1 h 24-30 Min. | leicht

ZITRONENLECKERLI

Zubereitungszeit: 30 Minuten
Ruhezeit: 30 Minuten
Backzeit: 12-15 Minuten pro Blech, 180°C Ober-/Unterhitze
Backutensilien: Backbleche
Zutaten für ca. 50 Stück

Für den Teig:

- abgeriebene Schale von ½ Bio-Zitrone
- 200 g Semmelbrösel
- 100 g Zucker
- 150 g Butter, in Stücken, weich
- 1 Ei, Größe M
- 50 g gemahlene Mandeln
- 1 EL Zitronensaft
- 1 Prise Salz
- 20 g Mehl

Für die Glasur:

- 1 Ei, Größe M
- 10 g Milch
- Zucker, nach Belieben

1. Heize zu Beginn den Backofen auf 180°C Ober-/Unterhitze vor. Wasche anschließend die Zitrone und reibe die Schale ab.

2. Dann gibst du Semmelbrösel, Zucker, Butter, Ei, Mandeln, Zitronenschale, Zitronensaft, Salz und Mehl in den Mixtopf. Nun verknetest du alles 3 Minuten/ Teigknetstufe. Den krümeligen Teig in Klarsichtfolie wickeln, eine Kugel formen und eine halbe Stunde im Kühlschrank ruhen lassen.

3. Anschließend stichst du mit einem Teelöffel Teigstücke von der Kugel ab und formst sie mithilfe eines weiteren Teelöffels zu Teighäufchen. Lege sie auf zwei mit Backpapier belegte Backbleche.

4. Verrühre Ei und Milch in einer separaten Schüssel. Bestreiche die Teighäufchen mit der Mischung und streue den Zucker über die Kekse.

5. Backe die Kekse jeweils 12-15 Minuten/ 180°C Ober-/Unterhitze.

6. Nimm die fertig gebackenen Plätzchen aus dem Ofen und lass sie auf einem Kuchengitter auskühlen. Bewahre sie bis zum Verzehr in einer Plätzchendose auf.

mixtipp

Achte immer unbedingt auf die Bio-Qualität von Zitronen und Orangen, wenn der Schalenabrieb verwendet wird.

SÜSSE TEILCHEN

*„Ich backe.
Was ist deine Superkraft?"*

4 Portionen | 35 Min. | mittel

CHURROS

Zubereitungszeit: 35 Minuten
Utensilien: Spritzbeutel
Zutaten für 4 Portionen

- 40 g Margarine
- 200 g Wasser
- 250 g Mehl
- 1 Ei, Größe M
- ½ TL Salz
- Öl zum Frittieren
- Zucker zum Bestreuen

1. Als Erstes gibst du die Margarine und das Wasser in den Mixtopf und kochst alles 10 Minuten/ Varoma/ Stufe 1 auf.

2. Nun kannst du das Mehl hinzufügen und die Mischung 1 Minute/ Teigknetstufe kneten. Achte dabei darauf, dass sich der Teig gut vom Mixtopf löst. Sollte der Teig kleben, fügst du noch etwas Mehl hinzu und lässt ihn 1 weitere Minute kneten.

3. Gib als Nächstes das Ei und das Salz hinzu und knete den Teig 1 Minute/ Stufe 1.

4. Erhitze nun das Öl in einem großen Topf.

5. Zum Schluss füllst du den Teig in einen Spritzbeutel und formst im Topf etwa 10 cm lange Spritzgebäckstreifen. Die Churros dann in dem sehr heißen Öl goldbraun frittieren, auf Küchenpapier abtropfen lassen und anschließend mit Zucker bestreuen.

mixtipp

In Spanien tunkt man die Churros gerne in geschmolzene Schokolade.

4 Portionen | 55 Min. | mittel

MACARONS

Zubereitungszeit: 25 Minuten
Ruhezeit: 15 Minuten
Backzeit: 15 Minuten, 150°C Ober-/Unterhitze
Backutensilien: Macaronbackform, Spritzbeutel
Zutaten für 4 Portionen

Für Böden und Deckel der Macarons:

- 75 g Puderzucker
- 50 g gemahlene Mandeln
- 40 g Eiweiß
- 1 Prise Salz
- 10 g Zucker

Für die Füllung:

- 100 g Schokolade, in Stücken
- 50 g Sahne
- 10 g Bio-Orangenschale

1. Bereite im Mixtopf zuerst 10 Sekunden/ Stufe 10 den Puderzucker zu, sodass er ganz fein ist. Heize den Backofen auf 150°C Ober-/Unterhitze vor.

2. Füge die Mandeln hinzu und zermahle die ganze Mischung 30 Sekunden/ Stufe 10. Siebe das Mandel-Zucker-Mehl in eine Schüssel und stelle sie beiseite.

3. Jetzt reinigst du den Mixtopf sorgfältig. Setze dann den Schmetterling ein und schlage das Eiweiß zusammen mit 1 Prise Salz im Mixtopf circa 4 Minuten/ Stufe 4. Dabei gibst du in den letzten 2 Minuten nach und nach den Zucker über die Deckelöffnung hinzu und stellst die Temperatur auf 50°C.

4. Das geschlagene Eiweiß gibst du auf das Mandel-Zucker-Gemisch in der Schüssel und vermengst alles mit dem Spatel. Fülle die Baisermasse in einen Spritzbeutel und forme damit die Deckel und Böden der Macarons auf einem mit Backpapier belegtem Backblech oder in einer Macaronbackform.

5. Lass alles 15 Minuten trocknen und backe die Macarondeckel und -böden dann 15 Minuten/ 150°C Ober-/Unterhitze. Lass sie anschließend auf dem Blech abkühlen.

6. Währenddessen reinigst du den Mixtopf und trocknest ihn ab. Zerkleinere darin die Schokolade 10 Sekunden/ Stufe 6 und schiebe die Stücke mit dem Spatel nach unten. Gib die Sahne und die Orangenschale dazu, verrühre die Zutaten 5 Minuten/ 50°C/ Stufe 1 und stelle die Mischung 10 Minuten kalt.

7. Die Macaronfüllung füllst du in einen Spritzbeutel und spritzt sie auf die Macaronböden. Setze die Deckel auf und drücke die Macarons behutsam zusammen – fertig.

1 Blech | 2 h 10 Min. | mittel

NUSSECKEN

Zubereitungszeit: 25 Minuten
Kühlzeit: 1 Stunde
Backzeit: 45 Minuten,
175°C Ober-/Unterhitze
Backutensilien: Backblech
Zutaten für 1 Blech

Für den Teig:

300 g Mehl

100 g Zucker

15 g Vanillezucker

2 Eier, Größe M

130 g Margarine

1 TL Backpulver

Für den Belag:

200 g Butter, in Stücken

200 g Zucker

50 g Wasser

400 g gehackte Nüsse (Mandeln, Haselnüsse, Erdnüsse oder Walnüsse)

7 EL Marmelade (z.B. Aprikose oder Orange)

200 g Zartbitterschokolade, in Stücken

1. Zuerst gibst du alle Zutaten für den Teig in den Mixtopf und knetest sie 4 Minuten/ Teigknetstufe. Danach stellst du den Teig für 1 Stunde in den Kühlschrank.

2. Für den Nussbelag erwärmst du nun Butter, Zucker und Wasser im Mixtopf 8 Minuten/ 100°C/ Stufe 2. Dann gibst du die Nüsse dazu und rührst sie 1 Minute/ Linkslauf/ Stufe 2 unter, bis alles gut vermischt ist.

3. Jetzt rollst du den Teig aus, legst ihn auf ein mit Backpapier belegtes Backblech, bestreichst ihn mit Marmelade und verteilst dann die Nussmischung gleichmäßig darauf.

4. Im vorgeheizten Ofen backst du den Teig 45 Minuten/ 175°C Ober-/Unterhitze. Anschließend lässt du ihn abkühlen.

5. Jetzt gibst du die Schokolade in den Mixtopf und zerkleinerst sie 5 Sekunden/ Stufe 8. Dann schiebst du sie mit dem Spatel nach unten, schmilzt sie 6 Minuten/ 60°C/ Stufe 2 und füllst sie in eine Schüssel.

6. Zum Schluss schneidest du den abgekühlten Teig in Dreiecke und tauchst den Boden und die Seiten der Nussecken in die geschmolzene Schokolade. Dann legst du sie zum Trocknen auf eine mit Backpapier ausgelegte Fläche.

mixtipp

Nüsse selbst zerhacken: 200 g je 4 Sekunden/ Stufe 8 zerkleinern!

mixtipp

Können super vorbereitet werden und schmecken auch nach einer Woche immer noch frisch!

4 Portionen | 65-70 Min. | mittel

PROFITEROLES MIT SCHOKOLADENSAUCE

Zubereitungszeit: 20 Minuten
Ruhezeit: 25 Minuten
Backzeit: 20-25 Minuten, 200°C Ober-/Unterhitze
Backutensilien: Spritzbeutel, Backblech
Zutaten für 4 Portionen

- 150 g Wasser
- 130 g Butter, in Stücken
- 10 g Zucker
- 1 Prise Salz
- 120 g Mehl
- 3 Eier, Größe M
- 250 g Zartbitterschokolade, in Stücken
- 50 g Milch
- 50 g Sahne
- 10 g Cointreau

1. Gieße das Wasser in den Mixtopf, füge 80 g Butter hinzu und würze die Mischung mit Zucker und Salz. Dann erhitzt du die Zutaten 5 Minuten/ 100°C/ Stufe 1. Siebe das Mehl dazu und verrühre die Mischung noch einmal 20 Sekunden/ Stufe 4. Lass den Teig anschließend 10 Minuten abkühlen.

2. Heize den Backofen auf 200°C Ober-/Unterhitze vor. Rühre nun jedes Ei einzeln 10 Sekunden/ Stufe 5 in den Teig ein. Den fertigen Teig füllst du in einen Spritzbeutel und spritzt ihn mit jeweils 1 cm Abstand häufchenweise auf ein mit Backpapier ausgelegtes Blech.

3. Backe die Profiteroles 20 bis 25 Minuten/ 200°C Ober-/Unterhitze, lass sie danach noch 10 Minuten im abgestellten Backofen abkühlen. Lass die Backofentür während des Backvorgangs unbedingt zu, sonst fallen sie zusammen.

4. Reinige den Mixtopf und trockne ihn ab. Zerkleinere die Schokolade 10 Sekunden/ Stufe 9 im Mixtopf und schiebe die Stücke mit dem Spatel nach unten. Verrühre die Schokoladenstückchen 4 Minuten/ 100°C/ Stufe 2 mit Milch, Sahne, 50 g Butter und Cointreau und serviere die etwas abgekühlte Schokoladensauce mit den Profiteroles.

mixtipp

Für Kinder einfach den Cointreau weglassen oder durch Orangensaft ersetzen.

12 Stück | 30 Min. | leicht

SCONES

Zubereitungszeit: 10 Minuten
Backzeit: 20 Minuten,
220°C Ober-/Unterhitze
Backutensilien: Backblech,
runde Ausstechform, Ø 5 cm
Zutaten für 12 Stück

450 g Mehl
80 g Butter, in Stücken, weich
50 g Zucker
1 Prise Salz
280 g Milch
3 TL Backpulver

1. Zuerst wiegst du Mehl, Butter, Zucker, Salz, Milch und Backpulver in den Mixtopf ein und bereitest daraus 20 Sekunden/ Stufe 6 einen Teig. Wundere dich nicht, wenn der Teig noch sehr feucht erscheint – das ist normal.

2. Rolle den Teig auf einer gut bemehlten Arbeitsfläche ca. 3 cm dick aus. Nicht dünner, sonst kannst du die Scones später nicht mehr halbieren.

3. Mit einem runden Ausstecher – am besten gewellt, mit einem Durchmesser von 5 cm – stichst du 12 kleine Kreise aus und verteilst sie mit ein bisschen Abstand auf dem Blech. Backe anschließend die Scones auf mittlerer Schiene 20 Minuten/ 220°C Ober-/Unterhitze.

4. Lass die Scones abkühlen oder genieße sie warm und serviere sie mit Puderzucker bestäubt.

5. Sie werden horizontal aufgeschnitten und wie eine Semmel bestrichen. Überlasse es jedem selber, wie er seine Scones essen möchte. Stelle nur Schmand oder Crème Fraîche, Butter und verschiedene Marmeladen bereit. Beliebt sind auch Honig, Nutella oder Lemoncurd.

mixtipp

Traditionell isst man zu den Scones Clotted Cream. Diese ist in Deutschland allerdings schwer erhältlich und wenn doch, sehr teuer.

mixtipp

Die Scones solltest du relativ frisch servieren, da sie sich nicht gut aufbewahren lassen und trocken werden.

22 Stück | 1 h 50 - 1 h 55 Min. | mittel

SÜSSE SCHNECKEN

Zubereitungszeit: 10 Minuten
Ruhezeit: 1 Stunde 30 Minuten
Backzeit: 10-15 Minuten, 200°C Umluft
Backutensilien: Backblech
Zutaten für 22 Stück

Für den Hefeteig:

- 125 g Margarine, in Stücken
- 25 g Zucker
- ½ Würfel Hefe
- 250 g Milch
- 500 g Mehl
- 5 g Salz

Für den Belag bzw. die Füllung:

- 120 g Rosinen
- 50 g Zucker
- 1 Prise Zimt
- etwas Margarine oder Butter zum Bestreichen

Für die Glasur:

- 150 g Zucker
- 3 EL Wasser

1. Gib Margarine, Zucker, Hefe und Milch in den Mixtopf und verrühre alles 3 Minuten/ 37°C/ Stufe 2. Dann gibst du Mehl und Salz dazu und vermengst alles 3 Minuten/ Teigknetstufe.

2. Den Teig dann in eine Schüssel geben, abdecken und 30 Minuten ruhen lassen. Danach den Teig rechteckig ausrollen (so ungefähr auf Backblech-Größe).

3. Dann musst du den Teig mit etwas Margarine oder Butter bestreichen und Rosinen, Zucker und Zimt darauf verteilen. Anschließend den Teig aufrollen und in 1,5 cm dicke Scheiben schneiden. Die legst du dann auf ein Backblech und lässt alles, mit einem Geschirrhandtuch abgedeckt, an einem warmen Ort 1 Stunde gehen. Heize den Backofen auf 200°C Umluft vor.

4. Backe die Schnecken 10-15 Minuten/ 200°C Umluft – bitte mit Sichtkontakt! Nun kümmern wir uns zeitgleich um die Glasur: Zucker in den Mixtopf geben und 10 Sekunden/ Stufe 10 zu Puderzucker verarbeiten. Danach gibst du 3 EL Wasser dazu und verrührst alles 20 Sekunden/ Stufe 4.

5. Lass die Schnecken etwas abkühlen. Dann mit einem Pinsel die Glasur auftragen … FERTIG!!!! Die sind soooo locker fluffig. PERFEKT!!

20 Stück | 1 h 23 Min. - 1 h 25 Min. | mittel

ZIMTSCHNECKEN

Zubereitungszeit: 35 Minuten
Ruhezeit: 30 Minuten
Backzeit: 18-20 Minuten, 180°C Ober-/Unterhitze
Backutensilien: Backblech
Zutaten für 20 Stück

Für den Teig:

- 200 g Butter, in Stücken
- 120 g Milch
- 1 Würfel frische Hefe
- 500 g Mehl
- 50 g Zucker
- 1 Ei, Größe M

Für die Füllung:

- 250 g Butter, in Stücken
- 125 g Zucker
- 150 g Marzipanrohmasse, in Stücken
- 2 EL Zimt
- 50 g gehackte Walnüsse

1. Zuerst schmilzt du die Butter im Mixtopf 2 Minuten/ 100°C/ Stufe 1. Dann gibst du die Milch und die zerbröselte Hefe hinzu und verrührst die Zutaten 2 Minuten/ 37°C/ Stufe 3.

2. Füge Mehl und Zucker hinzu und rühre beides 5 Sekunden/ Stufe 4 unter. Zum Schluss kommt das Ei 2 Minuten/ Stufe 4 dazu.

3. Rolle den fertigen Teig jetzt ca. 5 mm dick aus und schneide ihn mittig durch.

4. Spüle den Mixtopf und trockne ihn ab. Für die Zimtfüllung schmilzt du die Butter 2 Minuten/ 100°C/ Stufe 1. Gib dann Zucker, Marzipan, Zimt und Walnüsse hinzu und rühre alles 2 Minuten/ Stufe 5 zu einer Masse.

5. Bestreiche den Teig mit der Zimtmasse und rolle ihn zu zwei Rollen. Schneide aus den Rollen dann gleichgroße Zimtschnecken. Diese lässt du auf einem mit Backpapier belegtem Backblech 30 Minuten gehen.

6. Heize dann den Backofen auf 180°C Umluft vor.

7. Backe die Zimtschnecken im vorgeheizten Ofen 18-20 Minuten/ 180°C Umluft. Die fertigen Schnecken sollten eine schöne goldbraune Farbe haben.

mixtipp

Wer mag, kann die Zimtschnecken auch noch mit Zuckerguss bestreichen: Einfach 200 g Puderzucker mit 3 EL Wasser 20 Sekunden/ Stufe 3 verrühren.

6-8 Portionen | 15-20 Min. | leicht

ZIMTWAFFELN

Zubereitungszeit: 15-20 Minuten
Backutensilien: Waffeleisen
Zutaten für 6-8 Portionen

4 Eier, Größe M
1 Prise Salz
125 g Butter, in Stücken, weich
125 g Zucker
8 g Zimt
100 g Weizenmehl, Type 405

1. Trenne für den Zimtwaffelteig als Erstes 2 Eier und gib das Eiweiß mit 1 Prise Salz in den Mixtopf. Setze den Schmetterling auf die Klinge und schlage das Eiweiß 4 Minuten/ Stufe 4 zu Eischnee. Nimm den Schmetterling ab und fülle den Eischnee in eine separate Schale um. Stelle den Eischnee bis zu seiner Weiterverarbeitung in den Kühlschrank.

2. Reinige den Mixtopf gründlich.

3. Als Nächstes verrührst du im Mixtopf die 2 Eigelbe mit der Butter, 2 Eiern und dem Zucker 1 Minute/ Stufe 3. Füge dann den Zimt und das Mehl hinzu und verrühre alle Zutaten 2 Minuten/ Stufe 4.

4. Zu guter Letzt gibst du den Eischnee hinzu und rührst ihn 30 Sekunden/ Stufe 3 unter.

5. Backe den Zimtwaffelteig löffelweise, in einem mit Butter bestrichenen Waffeleisen, goldbraun aus.

mixtipp

Die Zimtwaffeln schmecken besonders lecker, wenn du sie mit etwas geschlagener Sahne und Preiselbeeren servierst.

mix*tipp*

Lecker schmecken die Waffeln auch, wenn du nach dem Backen Zucker und Zimt drüberstreust.

Cocoa Beans

SCHOKOLADIGE KUCHEN & TORTEN

„Teilen wir uns das letzte Stück Torte?“ – „Nein danke, das schaffe ich alleine!“

6 Kuchen | 45 Min. | mittel

AFTER EIGHT-KUCHEN IM GLAS

Zubereitungszeit: 15 Minuten
Backzeit: 30 Minuten, 180°C Ober-/Unterhitze
Backutensilien: 6 ofenfeste Twist-Off-Gläser à 250 ml, abgekocht
Zutaten für 6 Kuchen

- 100 g Zucker
- 1 Vanilleschote, in Stücken
- 3 Eier, Größe M, zimmerwarm
- 125 g Öl
- 125 g Sahne
- 125 g Mehl
- 25 g Kakaopulver
- ½ Päckchen Backpulver
- 60 g After Eight-Täfelchen
- etwas Öl für die Gläser
- einige Semmelbrösel für die Gläser

1. Bereite als Erstes die Gläser vor. Dafür ölst du diese gut ein. Achte dabei aber darauf, dass du die oberen Ränder der Gläser aussparst. Streue die Gläser dann gleichmäßig mit den Semmelbröseln aus und heize den Backofen auf 180°C Ober-/Unterhitze vor.

2. Pulverisiere 50 g Zucker und die Vanilleschote im Mixtopf 15 Sekunden/ Stufe 10 und gib dann Eier, Öl, Sahne, Mehl, Kakaopulver, Backpulver, die restlichen 50 g Zucker und die Minztäfelchen hinzu. Verrühre nun alle Zutaten 40 Sekunden/ Stufe 5 und befülle die Gläser zu ⅔ mit dem Teig.

3. Stelle die befüllten Gläser ohne Deckel auf ein kaltes Backrost und backe die Kuchen im vorgeheizten Backofen 30 Minuten/ 180°C Ober-/Unterhitze aus. Führe nach der Backzeit die Stäbchenprobe durch und verlängere gegebenenfalls die Backzeit um einige Minuten.

4. Verschließe danach die Gläser mit den Deckeln und lass sie 8 Minuten im ausgeschalteten, heißen Backofen ruhen.

mixtipp

Du kannst die Gläser fein beschriften und mit Bändern dekorieren.

1 Kuchen | 55 Min. | leicht

CHOCOLATE SPONGE CAKE

Zubereitungszeit: 20 Minuten
Backzeit: 35 Minuten, 170°C Ober-/Unterhitze
Backutensilien: Springformen, Ø 18 cm
Zutaten für 1 Kuchen

Für den Kuchen:

- 175 g Butter, in Stücken, weich
- 175 g Zucker
- 3 Eier, Größe M
- 175 g Mehl
- 1½ TL Backpulver
- 1 Prise Salz
- 15 g Backkakaopulver (z.B. von Bensdorp)
- 70 g Milch
- etwas Butter für die Form
- etwas Grieß zum Bestäuben

Für die Füllung:

- 250 g Kirschmarmelade

1. Heize den Ofen zunächst auf 170°C Ober-/Unterhitze vor. Fette zwei Springformen ein und bestäube sie mit Grieß.

2. Gib Butter, Zucker, Eier, Mehl, Backpulver, Salz, Kakaopulver und Milch gemeinsam in den Mixtopf und verrühre die Zutaten 1 Minute/ Stufe 4,5 zu einem glatten Teig. Verteile den Teig zu gleichen Teilen in die beiden Springformen und streiche ihn glatt.

3. Backe die Kuchen gleichzeitig auf der mittleren Schiene des Ofens 35 Minuten/ 170°C Ober-/Unterhitze.

4. Lass die Kuchen in der Form auskühlen und stürze sie dann auf die Arbeitsfläche.

5. Bestreiche einen Boden mit der Kirschmarmelade. Setze beide Böden zusammen und verziere sie nach Belieben, z.B. mit Kakaopulver.

Ein herrlich leichter Schokoladenkuchen, der schnell in eine Schwarzwälder Kirschtorte verwandelt werden kann, welche die Engländer lieben! Für sie ist diese der Inbegriff der deutschen Tortenkultur. Für die englische Version gibst du Kirschmarmelade und gesüßte, aufgeschlagene Sahne zwischen die Schichten. Ihr könnt den Sponge auch als Trifle verwenden: Dafür den Teig in ca. 5 cm große Stücke schneiden und mit Kirschwasser tränken. Mit vielen eingelegten Kirschen, eingedicktem Kirschsaft und Sahne in einer großen Schüssel schichten und als geniale Party-Nachspeise servieren.

mixtipp

Der Schokoladenkuchen schmeckt auch hervorragend gefüllt mit Passionsfrüchten und gesüßter Sahne.

1 Kuchen | 3 h | schwer

INSPIRATION VON „SACHER"

Zubereitungszeit: 1 Stunde
Kühlzeit: mind. 2 Stunden
Utensilien: Springform, Ø 26 cm, Topf, Spritzbeutel
Zutaten für 1 Kuchen

- 50 g dunkle Kuvertüre, 70 % Kakaogehalt, für den Mürbeteigboden
- 1 ausgebackener Mürbeteigboden (s. S. 110)
- 1 Schokoladen-Biskuitboden, erhältlich im Supermarkt
- 300 g Himbeer-Konfitüre, 75 % Fruchtanteil
- ca. 200 g Zuckersirup, z. B. von Monin
- 200-250 g Ganache von dunkler Schokolade zum Einstreichen des Kuchens (s. S. 80)
- ca. 250 g dunkle Kuvertüre, 70 % Kakaogehalt, in Stücken
- ca. 20-25 g geröstete, gehobelte Mandeln für den Dekor

1. Schmelze als Erstes die Hälfte der dunklen Kuvertüre im Mixtopf 5 Minuten/ 50°C/ Stufe 1.

2. Den fertigen Mürbeteigboden bestreichst du mit der flüssigen Kuvertüre. Schneide den Schokoladen-Biskuit mittig durch und klebe die obere Hälfte auf den Mürbeteigboden fest.

3. Lass nun die Himbeer-Konfitüre im Topf auf der Herdplatte ca. 5 Minuten leicht köcheln und anschließend gut abkühlen. Jetzt tränkst du den aufgeklebten Biskuitboden von oben mithilfe eines Pinsels gut mit dem Zuckersirup. Streiche dann die abgekühlte Himbeerkonfitüre auf.

4. Die zweite Schokoladen-Biskuithälfte tränkst du von der Innenseite gut mit Sirup und legst sie so auf den zuvor bearbeiteten Konfitüren-Boden. Der Kuchen muss nun auf einer mit Backpapier ausgelegten Fläche 1 Stunde kühlgestellt werden.

5. Schlage nach der Kühlzeit die Ganache mit eingesetztem Schmetterling ca. 3 Minuten/ Stufe 4 luftig und streiche den Kuchen oben und an den Seiten damit glatt ein. Achte auf eine glatte Oberfläche und auf einen glatten Tortenrand. Reinige anschließend den Mixtopf und trockne ihn gut ab. Kühle den Kuchen, bis die Ganache fest ist. Hinweis: Ganache nicht kalt, sondern bei Zimmertemperatur verarbeiten. Wenn die Ganache fest wird, etwas erwärmen und dabei vorsichtig rühren.

6. Nun kannst du den Rest der dunklen Kuvertüre für den Überzug temperieren. Das machst du in etwa wie folgt: Kuvertüre zerkleinern und 5 Minuten/ 45°C/ Stufe 3 erhitzen. Dann lässt du sie 3 Minuten/ 27°C/ Stufe 3 abkühlen und erhitzt sie 1-2 Minuten/ 30°C/ Stufe 3 erneut.

mixtipp

- Beim Bearbeiten der Kuvertüre muss schnell gearbeitet werden.
- Der Kuchen hat eine Haltbarkeit von 3 bis 4 Tagen. Alternativ kann auf traditionelle Weise Marillen- oder Aprikosen-Konfitüre verwendet werden.
- Nach jedem Schneiden der Tortenstücke das Messer reinigen, da ansonsten „Wülste“ entstehen.

7. Setze den Kuchen auf ein Gitter und gieße die Kuvertüre darüber. Mit einer Palette trägst du eine dünne Oberfläche auf. Achte darauf, dass die übrige Kuvertüre über den gesamten Rand fließt und keine Lücken mehr bleiben. Die Schokoladenschicht darf nicht zu dick sein, sondern muss gleichmäßig und zügig über den Kuchen verteilt werden.

8. Nimm den Kuchen zügig mit einem Tortenblech vom Gitter und setze den unteren Rand rundherum mit den gehobelten Mandeln ab.

9. Teile den Kuchen in 16 Stücke ein und schneide mit einem warmen Messer die Schokoladenschicht zuerst auf der Oberfläche (mit einem glatten, langen Messer), dann an der Seite ein (bzw. eher einschmelzen, kleines Küchenmesser).

10. Aus der temperierten Kuvertüre und einem Spritzbeutel auf jedem Kuchenstück ein „S“ dekorieren.

1 Kuchen | 3 h 15 Min. | mittel

MOUSSE AU CHOCOLAT-TRIFLE

Zubereitungszeit: 15 Minuten
Kühlzeit: 3 Stunden
Utensilien: Springform, Ø 26 cm
Zutaten für 1 Kuchen

- 3 TL Kaffeebohnen
- 300 g Schokolade, halbbitter
- 300 g Sahne
- 100 g Rum
- 200 g Löffelbiskuits
- 220 g Milch
- 500 g Rote Grütze, aus dem Glas
- 150 g Beeren (frisch oder TK), z.B. Himbeeren, Brombeeren, Kirschen (alles, was zu Schokolade passt)

mixtipp

Da der Trifle wärmeempfindlich ist, kühlst du die Kuchenplatte am besten im Gefrierschrank vor.

1. Gib als Erstes die Kaffeebohnen in den Mixtopf und pulverisiere sie 30 Sekunden/ Stufe 9. Anschließend füllst du sie um. Dann zerkleinerst du die Schokolade im Mixtopf 5 Sekunden/ Stufe 4.

2. Fülle nun die Sahne zur Schokolade und lass sie 5 Minuten/ 50°C/ Stufe 3 schmelzen. Anschließend fügst du das Kaffeepulver und 30 g Rum dazu. Vermische alles 20 Sekunden/ Stufe 3, bis eine homogene Masse entstanden ist. Diese lässt du nun auf 35°C abkühlen.

3. Als Nächstes legst du den Boden der Springform mit Löffelbiskuits aus. Dazu musst du die Biskuits eng aneinander legen. Wenn Zwischenräume bleiben, zerkleinere die Biskuits gegebenenfalls. Danach beträufelst du sie mit Milch und dem restlichen Rum und bestreichst sie mit 250 g Grütze.

4. Anschließend gießt du die Schokoladenmasse auf die Löffelbiskuit-Grütze und stellst alles für 3 Stunden kalt. Die restliche Grütze mischst du mit den Beeren und servierst sie zum Trifle. Der Trifle lässt sich mit einem warmen Messer gut vom Rand lösen und in Stücke schneiden (Messer in warmes Wasser tauchen).

1 Kuchen | 1 h 15 Min. | mittel

SCHOKO-EIERLIKÖR-TORTE

Zubereitungszeit: 15 Minuten
Backzeit: 1 Stunde,
150°C Ober-/Unterhitze
Backutensilien: Springform,
Ø 26 cm
Zutaten für 1 Kuchen

Für den Teig:

- 200 g Haselnüsse
- 5 Eier, Größe M
- 1 Prise Salz
- 150 g Zartbitterschokolade, in Stücken
- 80 g Butter, in Stücken, weich
- 50 g Zucker
- 10 g Backpulver

Für den Belag:

- 400 g Cremefine zum Schlagen
- 5 g Zucker
- 3-4 EL Eierlikör

- 50 g Eierlikör für die Deko
- Schokospäne für die Deko
- Butter für die Form

1. Heize den Backofen auf 150°C Ober-/Unterhitze vor und fette eine Springform mit Butter ein.

2. Zerkleinere die Haselnüsse im Mixtopf 5 Sekunden/ Stufe 6 und stelle sie in einer Schüssel beiseite. Reinige danach den Mixtopf gründlich.

3. Trenne nun die Eier und stelle das Eigelb in einer Schüssel bis zur Weiterverarbeitung beiseite. Gib das Eiweiß in den Mixtopf, setze den Schmetterling ein und schlage das Eiweiß mit einer Prise Salz 4 Minuten/ Stufe 4 zu Eischnee. Anschließend füllst du das Eiweiß in eine Schüssel um und stellst es im Kühlschrank kalt.

4. Zerkleinere dann die Schokolade im gereinigten Mixtopf 5 Sekunden/ Stufe 8 und schiebe die Stückchen mit dem Spatel nach unten. Verrühre sie 3 Minuten/ 37°C/ Stufe 4 mit dem Eigelb, der Butter und dem Zucker. Füge die gehackten Haselnüsse und das Backpulver hinzu und vermenge die Zutaten 10 Sekunden/ Stufe 3. Zum Schluss hebst du mit dem Spatel das Eiweiß 30 Sekunden/ Linkslauf/ Stufe 2 unter.

5. Fülle den Teig in eine gefettete Springform und backe ihn 1 Stunde/ 150°C Ober-/Unterhitze auf der mittleren Schiene des Ofens. Mache die Stäbchenprobe und lass den Kuchen anschließend auf einem Kuchenrost abkühlen.

6. In der Zwischenzeit schlägst du die Cremefine mit dem Zucker und dem Eierlikör im gereinigten Mixtopf 25-30 Sekunden/ Stufe 6 auf. Verstreiche die Creme über dem ausgekühlten Boden. Verziere die Torte abschließend nach Belieben mit Eierlikör und Schokospänen.

10 Muffins | 25-30 Min. | mittel

SCHOKOLADEN-MUFFINS

Zubereitungszeit: 10 Minuten
Backzeit: 15-20 Minuten, 180°C/ 215°C Umluft
Backutensilien: 10 Muffinformen
Zutaten für 10 Muffins

- 120 g dunkle Kuvertüre, 70 % Kakaogehalt, in Stücken
- 60 g Butter, in Stücken, weich
- 150 g Vollmilch
- 2 Eier, Größe M
- 190 g Mehl
- 75 g dunkles Kakaopulver (20/22)
- 180 g Zucker
- ½ Packung Backpulver
- 10 Papierkapseln für die Muffinformen
- Butter für die Form

1. Zuerst heizt du den Backofen auf 215°C Umluft vor. Dann zerkleinerst du die Kuvertüre im Mixtopf 4 Sekunden/ Stufe 4 und füllst sie in eine Schüssel um.

2. Die Butter schmilzt du 1 Minute/ 60°C / Stufe 2, gibst anschließend die Milch und die Eier in den Mixtopf und verrührst die Zutaten 15 Sekunden/ Stufe 4.

3. Jetzt vermengst du Mehl, Kakaopulver, Zucker und Backpulver in einer Schüssel, schüttest die Mischung in den Mixtopf und vermischst alles 6-8 Sekunden/ Linkslauf/ Stufe 3. Rühre nicht zu viel, da die Muffins sonst zu kompakt werden.

4. Die grob zerhackte Kuvertüre beigeben und mit einem Spatel vorsichtig unterrühren.

5. Lege die Papierkapseln in die gefetteten Muffinformen und verteile den Teig auf die Formen. Schiebe die Muffins bei 215°C in den Ofen, reduziere die Temperatur dann sofort auf 180°C Umluft und backe die Törtchen 15-20 Minuten.

6. Nach 5 Minuten Abkühlzeit die Muffins aus der Form nehmen und auf einem Gitter vollständig abkühlen lassen.

mixtipp

- Es ist wichtig, dass die Muffins bei heißer Temperatur in den Ofen kommen.
- Den Ofen mindestens die ersten 10 Minuten nicht öffnen, damit die Muffins nicht austrocknen, sondern fluffig gebacken werden.

1 Kuchen | 45 Min. | mittel

SCHOKOLADENTARTE

Zubereitungszeit: 45 Minuten
Utensilien: Tarteform, Ø 26 cm, Topf
Zutaten für 1 Kuchen

Für die Ganache:

- 275 g dunkle Kuvertüre, 70 % Kakaogehalt, in Stücken
- 300 g Sahne
- 25 g Zuckersirup, z. B. von Monin
- 90 g zimmerwarme Butter, in Stücken

Für den Kuchen:

- 1 ausgebackener Mürbeteig-Boden (s. S. 110)
- 1 Schokoladen-Biskuit, erhältlich in Supermärkten
- 690 g Schokoladen-Ganache
- 50 g dunkle Kuvertüre, 70 % Kakaogehalt, geschmolzen
- dunkles Kakaopulver für die Deko

1. Zerkleinere als Erstes die Kuvertüre im Mixtopf 5 Sekunden/ Stufe 5 und stelle sie in einer Schüssel beiseite.

2. Koche die Sahne mit dem Zuckersirup im Mixtopf 4 Minuten/ 90°C/ Stufe 1 auf und lass das Gemisch dann auf ca. 70°C abkühlen. Gib die zerkleinerte Kuvertüre nach und nach in die Sahnemasse und vermenge die Zutaten 4 Minuten/ 45°C/ Stufe 3.

3. Füge nun die Butter hinzu und lass alles 3 Minuten/ 45°C/ Stufe 3 zu einer glatten Ganache emulgieren.

4. Bestreiche den Mürbeteigboden mit der in einem Topf geschmolzenen dunklen Kuvertüre und lege den Schokoladen-Biskuit darauf. Verteile nun die fertige Ganache obenauf und streiche sie glatt. Lass sie bei Zimmertemperatur fest werden.

5. Mit Kakaopulver bestäuben und servieren.

mixtipp

Tarte nicht im Kühlschrank aufbewahren!

9 Stück | 1 h | mittel

WALNUSS-PARANUSS-BROWNIES

Zubereitungszeit: 20 Minuten
Backzeit: 40 Minuten, 180°C Umluft
Backutensilien: quadratische Backform, 18 cm x 18 cm
Zutaten für 9 Stück

- 50 g Walnüsse, zerkleinert
- 50 g Paranüsse, zerkleinert
- 125 g Butter, in Stücken, weich
- 150 g dunkle Kuvertüre, 70 % Kakaogehalt, in Stücken
- 125 g feinen Zucker
- 1 Msp. Salz
- 1 Msp. Vanille-Extrakt
- 4 Eier, Größe L
- 25 g Milch
- 150 g Mehl
- 2 EL dunkles Kakaopulver (20/22)

1. Heize den Backofen auf 180°C Umluft vor. Nun zerkleinerst du die Nüsse 4 Sekunden/ Stufe 4 und stellst sie in einer Schüssel beiseite.

2. Dann gibst du die Butter und die Kuvertüre in den Mixtopf und schmilzt beides 4 Minuten/ 50°C/ Stufe 4. Lass die Schokoladen-Butter auf 40°C abkühlen und rühre anschließend 2 Minuten/ Stufe 2 Zucker, Salz und Vanille-Extrakt ein.

3. Vermenge nun die Eier 10 Sekunden/ Stufe 2 mit den anderen Zutaten im Mixtopf und rühre die Milch 5 Sekunden/ Stufe 2 unter.

4. Mische und siebe das Mehl mit dem Kakaopulver und rühre es 8 Sekunden/ Stufe 2 unter die Masse.

5. Zum Schluss hebst du die zerkleinerten Nüsse mit dem Spatel unter und füllst den Teig in die gefettete oder mit Backpapier ausgelegte Backform.

6. Backe die Brownies ca. 40 Minuten/ 180°C Umluft. Anschließend in der Form noch etwas auskühlen lassen und dann auf ein Kuchengitter stürzen, wo sie richtig kalt werden können.

KÄSEKUCHEN/ CREME- & SAHNE-TORTEN

„Wenn sie kein Brot haben, sollen sie doch Kuchen essen!"
(Marie Antoinette)

1 Kuchen | 45-50 Min. | mittel

CLASS OF '87 COFFEE CAKE – 9C KAFFEE-KUCHEN

Zubereitungszeit: 20 Minuten
Backzeit: 25-30 Minuten, 170°C Umluft
Backutensilien: Springform, Ø 28 cm
Zutaten für 1 Kuchen

Für den Teig:

- 180 g Zucker
- 180 g Butter, in Stücken, weich
- 3 Eier, Größe M
- 180 g Mehl
- ½ Päckchen Backpulver

Zum Tränken des Bodens:

- 1 Tasse Kaffee (200 g)
- 80 g Zucker
- 1 EL Backkakao (oder 3 EL Kakaogetränkepulver, z.B. Kaba)
- ½ Fläschchen Rum-Aroma (oder 4 EL Rum)

Für das Topping:

- 400 g Schlagsahne
- 2 Päckchen Sahnesteif
- 2 EL Vanillezucker
- etwas Kakaopulver zum Bestäuben

1. Heize den Backofen auf 170°C Umluft vor. Dann stellst du den Kuchenboden her. Dazu gibst du Zucker, Butter und Eier in den Mixtopf und verrührst alles 1 Minute/ Stufe 4. Danach gibst du Mehl und Backpulver dazu und verrührst alles noch mal 30 Sekunden/ Stufe 4.

2. Pinsele jetzt eine 28er-Springform mit Backtrennmittel o.Ä. ein und fülle dann den Teig in die Form. Und schon geht's ans Backen: 25-30 Minuten/ 170°C Umluft im vorgeheizten Backofen!

3. Fülle derweil Kaffee, Zucker, Kakao und Rum-Aroma oder Rum in den Mixtopf. Ist der Kaffee heiß, dann verrührst du alles nur 10 Sekunden/ Stufe 3. Ist der Kaffee kalt, dann 3 Minuten/ 60°C/ Stufe 3 verrühren. Der Kaffee muss heiß sein, damit sich der Zucker auflöst.

4. In den noch heißen Kuchenboden piekst du jetzt mit einer Gabel o.Ä. Löcher (der Kuchen muss dabei noch in der Springform bleiben). Gieße nun die Flüssigkeit langsam über den Boden. Der Boden saugt die ganze Flüssigkeit auf. Komplett auskühlen lassen.

mixtipp

Schmeckt auch super zum Tee.

5. Als Nächstes geht's ans leckere Topping! Dazu schlägst du die Sahne mit Sahnesteif und Vanillezucker auf Stufe 4 mit dem Schmetterling auf, bis sie so fest ist, wie du es gerne hast. Verteile die Sahne auf dem Boden und bestäube sie mit etwas Kakaopulver.

Das Rezept hat Anja Krandick, besser bekannt als Thermimaus, 1987 (9. Klasse) im Hauswirtschaftsunterricht der Haupt- und Realschule Kloster-Barthe in Hesel bekommen und auf den Thermomix umgeschrieben.

1 Kuchen | 50 Min. | leicht

FLOTTE IMM – BIENENSTICH À LA THERMIMAUS

Zubereitungszeit: 20 Minuten
Backzeit: 30 Minuten, 175°C Umluft
Backutensilien: Springform, Ø 26 cm
Zutaten für 1 Kuchen

Für den Teig:

- 4 Eier, Größe M
- 150 g Zucker
- 1 EL Vanillezucker
- 125 g Mehl
- 2 TL Backpulver
- 100 g Mandelblättchen zum Bestreuen
- Zucker zum Bestreuen
- Backtrennmittel

Für die Füllung:

- 400 g Sahne
- 200 g Schmand
- 150 g Milch
- 2 Päckchen Paradies-Creme (Vanille, von Dr. Oetker)

1. Heize den Backofen auf 175°C Umluft vor. Für den Teig füllst du Eier, Zucker und Vanillezucker in den Mixtopf und verrührst alles 5 Minuten/ Stufe 4. Dann gibst du Mehl und Backpulver dazu und vermischst alles nochmal kurz 8 Sekunden/ Stufe 3 – für einen schönen fluffigen Teig!

2. Jetzt legst du eine Springform mit Backpapier aus oder pinselst sie mit Backtrennmittel ein. Schon kannst du den Teig einfüllen, ihn mit den Mandelblättchen und etwas Zucker bestreuen und für ca. 25-30 Minuten/ 175°C Umluft im vorgeheizten Backofen backen. Wenn du ihn nicht zu dunkel haben möchtest, deckst du ihn einfach mit Backpapier ab.

3. Nach dem Backen lässt du den Boden auskühlen und schneidest ihn danach einmal der Länge nach durch.

4. Zeit, den Mixtopf zu spülen! Gib Sahne, Schmand, Milch und Paradies-Creme in den Mixtopf, setze den Schmetterling ein und schlage alles 10-15 Sekunden/ Stufe 3 auf. Achtung, die Masse wird sehr schnell fest!

5. Diese Masse verstreichst du jetzt auf dem unteren Teil des Teigbodens. Keine Sorge, wenn etwas nicht ganz glatt wird – „beten scheev hett Gott leev“, wie man bei der Thermimaus in Ostfriesland sagt. Dann setzt du den Deckel mit dem Mandelbelag auf und stellst den Bienenstich kurz in den Kühlschrank! Da kann der Besuch kommen!

mixtipp

Den Tortendeckel am besten vor dem Aufsetzen auf die Füllung schon in Stücke schneiden und einzeln aufsetzen! So wird die Creme beim Schneiden nicht gequetscht!

1 Torte | 4 h 10 Min. | leicht

FRISCHKÄSETORTE

Zubereitungszeit: 10 Minuten
Kühlzeit: ca. 4 Stunden
Utensilien: Springform, Ø 26 cm
Zutaten für 1 Torte

Für den Boden:

- 125 g Dinkelflocken
- 10 g Dinkelkleie
- 100 g Butter, in Stücken
- 1 TL Erythrit, erhältlich in Drogeriemärkten

Für den Belag:

- 250 g Mascarpone
- 400 g Frischkäse
- 250 g Alpro Soya Cuisine
- 5 Tropfen Vanille-Backaroma
- 100 g Erythrit
- 2 Packungen Sofortgelatine
- 100 g Mandeln, gehobelt

Mit den richtigen Low Carb-Zutaten kann man sogar Kuchen zubereiten, ohne dass er gleich auf den Hüften landet. Wie bei allem Süßkram solltest du aber auch hier nicht in Versuchung kommen, den ganzen Kuchen zu futtern. Sich 2 Stücke sonntags zum Kaffee zu gönnen, ist aber mehr als in Ordnung.

1. Röste Dinkelflocken, Kleie, Butter und Erythrit in einer kleinen Pfanne auf nicht zu großer Hitze an, dabei rührst du die Masse immer wieder um, bis sich die Butter völlig aufgelöst hat und in die Flocken gezogen ist.

2. Diese Masse verteilst du nun mit Hilfe eines Esslöffels gleichmäßig auf dem Boden einer Springform und drückst sie an, bis der ganze Boden dünn bedeckt ist. Stelle die Springform nun kalt, bis der Boden hart wird. Im Kühlschrank dauert dies ca. 1 Stunde oder im Gefrierfach um die 15 Minuten.

3. Für den Belag gibst du Mascarpone, Frischkäse, Alpro Soya Cuisine, Vanille-Backaroma, Erythrit und die Sofortgelatine in den Mixtopf und verrührst die Zutaten 3 Minuten/ Stufe 4.

4. Die Kuchenmasse gibst du nun in die Springform auf den Teig und streichst sie mit einem Küchenspatel gleichmäßig glatt. Am Rand, auf ca. 3 cm Breite rings herum, dekorierst du nun noch die Mandelplättchen.

5. Stelle die Torte im Kühlschrank für ein paar Stunden kalt, bis die Frischkäse-Mascarpone-Mischung fest wird.

mixtipp

Kohlenhydrate pro Stück (grober Richtwert bei 12 Stücken): 3,0 g KH

1 Kuchen | mind. 25 h | mittel

BESCHWIPSTE WHISKEY-TORTE

Zubereitungszeit: 50 Minuten
Ruhezeit: 24 Stunden
Backzeit: 20 Minuten, 180°C Umluft
Backutensilien: Springform, Ø 26 cm, Tortenring
Zutaten für 1 Kuchen

Für den Teig:

- 6 Eier, Größe M
- 150 g Zucker
- 1 Prise Salz
- 170 g Mehl
- Butter zum Einfetten des Tortenrings

Für die Füllung:

- 6 Blatt Gelatine
- 300 g kalter Kaffee
- 75 g Rohrzucker
- 100 g Kaffeesahne
- 30 g Whiskey, z.B. Jack Daniel's
- 400 g Sahne
- 2 EL Schokoladensauce
- 1 TL Vanillezucker
- Schokoladenherzen als Deko

1. Zunächst heizt du den Backofen auf 180°C Umluft vor und fettest deine Backform ein.

2. Dann setzt du den Schmetterling in den Mixtopf ein, gibst Eier, Zucker und Salz hinzu und schlägst die Zutaten 6 Minuten/ 37°C/ Stufe 4 auf. Anschließend wird die Masse noch einmal 6 Minuten/ Stufe 4 kalt geschlagen.

3. Jetzt musst du das Mehl gleichmäßig hinzugeben und 6 Sekunden/ Stufe 3 verrühren.

4. Entferne den Schmetterling und hebe mit dem Spatel das Mehl, das am Rand kleben geblieben ist, noch einmal vorsichtig unter den Teig.

5. Fülle den Biskuitteig nun in eine gefettete Springform mit 26 cm Ø und backe ihn 20 Minuten/ 180°C Umluft im Backofen. Lass den Boden auf einem Kuchengitter über Nacht auskühlen.

6. Am nächsten Tag lässt du als Erstes die Gelatine in kaltem Wasser einweichen. Außerdem gibst du den Kaffee zusammen mit dem Rohrzucker und der Kaffeesahne in den Mixtopf und kochst die Mischung 2 Minuten/ 80°C/ Stufe 2, bis sich der Zucker aufgelöst hat.

7. Dann drückst du die Gelatine aus und gibst sie zusammen mit 20 g Whiskey zu der Kaffee-Sahne-Mischung in den Mixtopf. Rühre die beiden Zutaten 1 Minute/ Stufe 2 unter, bis sich die Gelatine vollständig aufgelöst hat.

8. Danach stellst du die Kaffee-Sahne-Mischung für mindestens 1,5 Stunden kalt.

mixtipp

Die Torte schmeckt auch super mit einem dunklen Biskuitboden.

9. Nach Ablauf der Kühlzeit setzt du den Schmetterling ein, schlägst 200 g Sahne auf Stufe 3 unter Beobachtung steif und hebst sie unter die gelierende Kaffee-Creme.

10. Verrühre den restlichen Whiskey mit der Schokoladensauce in einer separaten Schüssel und bestreiche dann den Biskuitboden mit einem Silikonpinsel. Umschließe ihn anschließend mit einem Tortenring und verteile die Kaffee-Creme darauf. Stelle die Torte für mindestens drei Stunden in den Kühlschrank.

11. Schlage vor dem Servieren die restliche Sahne unter Beobachtung im Mixtopf auf Stufe 3 steif und verteile sie auf der Torte. Danach kannst du den Kuchen noch mit Schokoherzen dekorieren.

1 Kuchen | 1 h 30 Min.- 1 h 40 Min. | mittel

KÄSEKUCHEN MIT KEKSKRÜMELBODEN

Zubereitungszeit: 10 Minuten
Backzeit: 80-90 Minuten, 160°C Ober-/Unterhitze
Backutensilien: Springform, Ø 26 cm
Zutaten für 1 Kuchen

- 200 g Oreokekse
- 90 g Butter, in Stücken
- 4 Eier, Größe M
- 150 g Zucker
- 800 g Magerquark
- 200 g Frischkäse
- Schale von 1 Bio-Zitrone
- 2 TL Vanillezucker
- 2 TL Backpulver
- 100 g Blaubeeren
- 100 g gemischte Beeren zum Garnieren

1. Zuerst zerkleinerst du die Oreokekse im Mixtopf 10 Sekunden/ Stufe 7 und schiebst die Stücke mit dem Spatel nach unten. Gib die Butter hinzu und vermische die Zutaten 3 Minuten/ 70°C/ Stufe 3.

2. Fette eine Springform mit Butter ein und verteile den Keksteig darauf. Drücke ihn mit einer Gabel fest an. Heize den Backofen schon einmal auf 160°C Ober-/Unterhitze vor.

3. Reinige den Mixtopf gründlich und trockne ihn ab. Schlage jetzt Eier und Zucker 1 Minute/ Stufe 4 schaumig auf.

4. Vermische Magerquark, Frischkäse, Zitronenschale, Vanillezucker und Backpulver mit den schaumig geschlagenen Eiern im Mixtopf 20 Sekunden/ Stufe 6.

5. Hebe die verlesenen Blaubeeren mithilfe des Spatels per Hand unter und verteile die Quarkmasse auf dem Keksboden.

6. Backe den Kuchen 80-90 Minuten/ 160°C Ober-/ Unterhitze. Nach 1 Stunde kannst du ihn mit Backpapier abdecken, damit er nicht zu braun wird.

7. Lass den Kuchen abkühlen, hole ihn aus der Springform und garniere ihn mit frischen, gemischten Beeren.

mixtipp

Zerkleinere einen Teil der Oreokekse 5 Sekunden/Stufe 5 und mische sie unter die Quarkmasse. Vorsicht, Suchtgefahr!

1 Torte | 8 h | schwer

MOKKA-TORTE

Zubereitungszeit: 40 Minuten
Ruhezeit: 7 Stunden
Backzeit: 20 Minuten, 180°C Ober-/Unterhitze
Backutensilien: Salatschale, ca. Ø 24 cm, Backblech
Zutaten für 1 Torte

Für den Teig:

- 6 Eier, Größe M
- 120 g Zucker
- 1 Prise Salz
- 160 g Mehl

Für die Tränke:

- 20 g brauner Rum
- 70 g Mokkalikör

Für die Füllung:

- 12 Blatt Gelatine, weiß
- etwas Wasser zum Einweichen
- 600 g Sahne, gekühlt
- 200 g Milch
- 120 g Zucker
- 100 g Espresso, stark
- 120 g Baisertupfen

Für die Dekoration:

- 150 g Zartbitterkuvertüre, in Stücken
- 70 g Sahne
- 1 EL Rum
- 50 g Butter, weich, in Stücken

1. Heize den Backofen auf 180°C Ober-/Unterhitze vor. Zeichne auf einem Bogen Backpapier einen Kreis mit dem Durchmesser der Schüssel, die du für die Zubereitung der Torte verwenden wirst, und lege den Bogen mit der Aufschrift nach unten auf ein Backblech.

2. Gib nun für den Biskuitteig die Eier in den Mixtopf und rühre sie 2 Minuten/ Stufe 3 schaumig auf. Füge als Nächstes den Zucker, das Salz und das Mehl hinzu und verrühre den Teig erneut 3 Minuten/ Stufe 5.

3. Streiche nun 7 EL des Teiges auf die Backpapier-Schablone und backe den Kreis im vorgeheizten Backofen 10 Minuten/ 180°C Ober-/Unterhitze goldbraun.

4. Währenddessen belegst du ein zweites Backblech mit Backpapier und bestreichst dieses mit dem restlichen Teig zu einer Platte. Backe auch diese im Anschluss an den Biskuitkreis im Backofen 10 Minuten/ 180°C Ober-/Unterhitze goldbraun.

5. Lege die Salatschale mit Frischhaltefolie aus und schneide die abgekühlte Platte ein. Diese legst du mit der gebackenen Seite nach oben in die Schüssel und schneidest die überlappenden Stücke ab.

6. Bereite nun die Mokkatränke vor. Dafür verrührst du in einem Schälchen den Rum mit dem Mokkalikör und bestreichst damit den Biskuitboden in der Schüssel. Achte darauf, dass du etwa ¼ der Tränke für den Biskuitkreis zurückhältst.

7. Für die Mokkacreme legst du die Gelatineblätter in eine Schüssel und bedeckst sie mit reichlich Wasser. Lass sie 5 Minuten darin einweichen. Schlage währenddessen 400 g der Sahne im gereinigten Mixtopf auf. Dafür setzt du den Schmetterling auf die Klinge und lässt die Sahne unter Beobachtung auf Stufe 3 aufschlagen. Fülle die geschlagene Sahne in eine separate Schüssel um und stelle diese bis zu ihrer Weiterverarbeitung in den Kühlschrank.

8. Gieße als Nächstes die Milch, den Zucker und die restlichen 200 g Sahne in den Mixtopf und lass die Zutaten 5 Minuten/ 90°C/ Stufe 1 aufkochen. Drücke die eingeweichte Gelatine aus und gib sie und den Espresso in den Mixtopf und rühre erneut 5 Minuten/ 90°C/ Stufe 2.

9. Gieße die Mokka-Mischung in eine separate Schüssel um und stelle sie in ein kaltes Wasserbad. Während die Mischung abkühlt, rührst du sie zwischendurch um und schneidest die Baisertupfen in grobe Stücke. Wenn die Mokkamischung anfängt zu gelieren, rührst du mit dem Spatel die geschlagene Sahne und die Baiserstücke unter.

10. Fülle die Mokkacreme in die mit Biskuit ausgelegte Schüssel und streiche sie glatt. Bestreiche den Biskuitkreis mit der restlichen Mokkatränke, lege ihn auf die Mokkacreme und drücke ihn gut an. Stelle die Torte anschließend 7 Stunden in den Kühlschrank.

11. Für die Dekoration der Torte zerkleinerst du im Mixtopf die Kuvertüre 8 Sekunden/ Stufe 8, schiebst die Schokoladenstücke mit dem Spatel nach unten und schmilzt sie 2 Minuten/ 50°C/ Stufe 1. Füge die Sahne, den Rum und die Butter hinzu und verrühre alles 1 Minute/ Stufe 2. Verziere mit der Schokoladencreme die Torte nach Belieben, zum Beispiel mit einem Linienmuster, und dekoriere sie mit Baisertupfen.

1 Torte | mind. 6 h | schwer

SCHWARZWÄLDER KIRSCHTORTE

Zubereitungszeit: 40 Minuten
Ruhezeit: mind. 4 Stunden
Backzeit: 50 Minuten, 200°C/170°C Ober-/Unterhitze
Backutensilien: Springform, Ø 26 cm, Spritzbeutel
Zutaten für 1 Torte

Für den Biskuitteig:

- 7 Eier, Größe M
- 200 g Zucker
- 1 Prise Salz
- 100 g Mehl
- 100 g Speisestärke
- 20 g Kakaopulver zum Backen

Für den Mürbeteig:

- 50 g Zucker
- 100 g Butter, in Stücken, weich
- 150 g Mehl
- 1 Ei, Größe M

Für die Füllung:

- 2 Gläser Kirschen (Abtropfgewicht: 700 g)
- 20 g Zucker
- 1 Messerspitze Zimt
- 2 Päckchen Tortenguss
- 1200 g Schlagsahne, kalt
- 30 g Zucker
- 6 Päckchen Sahnesteif
- 300 g Kirschmarmelade
- 50 g Kirschwasser
- Schokoraspel zartbitter, für die Dekoration

1. Zuerst heizt du den Backofen auf 170°C Ober-/Unterhitze vor.

2. Dann bereitest du den Biskuitboden zu. Hierfür setzt du den Schmetterling in den Mixtopf ein und schlägst die Eier mit dem Zucker und der Prise Salz 4 Minuten/ Stufe 4 auf.

3. Fülle die Masse in eine Schüssel und hebe das Mehl, die Speisestärke und das Kakaopulver behutsam unter. Danach den Teig in eine gefettete Springform geben. Den Biskuitteig auf der mittleren Schiene des Ofens 40 Minuten/ 170°C Ober-/Unterhitze backen. Nach dem Backen auf ein Kuchengitter stürzen und abkühlen lassen.

4. Nun bereitest du den Mürbeteig zu. Heize den Backofen auf 200°C Ober-/Unterhitze vor. Gib Zu-

cker, Butter, Mehl und Ei in den Mixtopf und knete alles 30 Sekunden/ Stufe 4 zu einem Teig.

5. Gib den Mürbeteig in eine gefettete Springform und drücke ihn glatt. Stich ihn mehrmals mit einer Gabel ein, damit sich der Boden während des Backvorgangs nicht wölbt. Backe den Mürbeteigboden auf der mittleren Schiene im Backofen 10 Minuten/ 200°C Ober-/Unterhitze. Lass ihn danach vollständig auskühlen.

6. Jetzt die Kirschen in einem Sieb abtropfen lassen und den Saft auffangen. Gieße den Saft in den Mixtopf. Füge Zucker, Zimt und Tortenguss hinzu und koche alles 6 Minuten/ 100°C/ Stufe 3. Lege 10 der Kirschen für die spätere Dekoration beiseite. Rühre die anderen Kirschen 15 Sekunden/ Linkslauf/ Stufe 3 unter. Nun gießt du die Kirschmasse in eine Schüssel, reinigst gründlich den Mixtopf, wäschst ihn kalt aus und trocknest ihn gut ab.

7. Nun setzt du den Schmetterling in den Mixtopf, gießt die Sahne hinein und schlägst sie unter Beobachtung bei Stufe 3 auf, bis sie steif ist. Nach 20 Sekunden lässt du den Zucker und die Päckchen Sahnesteif hineinrieseln.

8. Als Nächstes teilst du den Biskuitboden in drei Böden. Danach bestreichst du den gebackenen Mürbeteigboden mit Marmelade und legst hierauf den ersten Biskuitboden. Tränke ihn vorsichtig mit Kirschwasser und bestreiche ihn mit der Hälfte der Kirschmasse. Bestreiche das Ganze noch mit etwas Sahne.

9. Lege den zweiten Biskuitboden darauf und wiederhole den Vorgang. Am Ende muss der letzte Biskuitboden oben liegen.

10. Nun kannst du die Torte komplett mit Sahne bestreichen. Mit einem Teil der Sahne kannst du mit Hilfe eines Spritzbeutels die Torte verzieren. Wenn du die einfache Variante bevorzugst, nimm fertige Baisertropfen.

11. Zum Schluss setzt du noch die zur Seite gestellten Kirschen auf die Torte und bestreust sie mit Schokoraspeln. Stelle die Torte bis zum Servieren kalt.

1 Kuchen | 55 Min. | leicht

ZABAGLIONE SPONGE CAKE

Zubereitungszeit: 20 Minuten
Backzeit: 35 Minuten,
170°C Ober-/Unterhitze
Backutensilien: Springformen,
Ø 18 cm
Zutaten für 1 Kuchen

Für den Kuchen:

- 175 g Butter, in Stücken, weich
- 175 g Zucker
- 3 Eier, Größe M
- 175 g Mehl, Type 405
- 1½ TL Backpulver
- 1 Prise Salz
- 4-5 Tropfen Vanilleessenz
- etwas Grieß zum Bestäuben der Backform
- etwas Öl zum Einfetten der Formen

Für die Füllung:

- 2 Eigelb, Größe M
- 45 g Zucker
- 25 g Mehl
- 150 g Marsala
- 200 g Crème Fraîche

1. Fette zwei Springformen ein und bestäube sie mit Grieß. Heize den Ofen auf 170°C Ober-/Unterhitze vor.

2. Gib Butter, Zucker, Eier, Mehl, Backpulver, Salz und Vanilleessenz in den Mixtopf und rühre die Zutaten 1 Minute/ Stufe 4,5 zu einem glatten Teig.

3. Verteile den Teig zu gleichen Teilen in die beiden Springformen und streiche ihn jeweils glatt. Backe die Kuchen gleichzeitig auf mittlerer Schiene im Ofen 35 Minuten/ 170°C Ober-/Unterhitze. Lass sie nach der Backzeit in der Form auskühlen.

4. Bereite in der Zwischenzeit die Marsalacreme zu: Dazu gibst du Eigelb, Zucker, Mehl und Marsala in den Mixtopf und verrührst die Zutaten 5 Sekunden/ Stufe 5. Dann kochst du die Creme 7 Minuten/ 90°C/ Stufe 3 ohne Deckel ein. Lass sie anschließend etwas auskühlen.

5. Nun gibst du die Crème Fraîche hinzu und verrührst alles 10 Sekunden/ Stufe 3.

6. Verteile 2/3 der Creme auf einer Teigplatte, die noch in der Form ist. Gib die Creme nur in die Mitte – sie verteilt sich selber bis zum Rand, wenn du die zweite Teigplatte vorsichtig darauf legst, und leicht andrückst.

7. Verteile die restliche Creme auf die zweite Teigplatte und stelle den Kuchen für ein paar Stunden kalt.

Eine weitere Variation des Sponge Cakes: dieses Mal mit Marsalafüllung. Diese kleine Torte ist überraschend frisch – durch den säuerlichen und frischen Madeira wird die Creme leicht und hat nichts von der üblichen schweren Buttercreme. Das ist mal etwas komplett anderes und kann auch wunderbar als Nachspeise mit einer guten Tasse Tee serviert werden.

mixtipp

Schmeckt besonders gut, wenn er einen Tag im Kühlschrank durchzieht.

RÜHRKUCHEN

*„Kuchen macht nicht dick.
Er zieht nur die Falten glatt!“*

1 Kuchen | 1 h 30 Min. | leicht

MARMORKUCHEN

Zubereitungszeit: 20 Minuten
Backzeit: 70 Minuten,
175°C Ober-/Unterhitze
Backutensilien: Kastenform
Zutaten für 1 Kuchen

- 250 g Zucker
- 1 Bio-Zitrone
- 100 g Mandeln
- 70 g Zartbitterkuvertüre
- 10 g Kakaopulver zum Backen
- 6 Eier, Größe M
- 1 Prise Salz
- 200 g Butter, in Stücken, weich
- 1 Päckchen Vanillezucker
- 10 g Rum
- 200 g Mehl
- 1 TL Backpulver
- etwas Butter und Mehl für die Form
- etwas Puderzucker zum Bestäuben

1. Pulverisiere als Erstes 150 g Zucker im Mixtopf 10 Sekunden/ Stufe 10. Warte 2 Minuten, bevor du den Deckel öffnest, da der Zucker sonst zu sehr staubt, und fülle den Puderzucker in eine separate Schüssel um. Wasche die Zitrone unter heißem Wasser, trockne sie ab und reibe mit einer feinen Reibe die Schale in ein Schälchen.

2. Zerkleinere als Nächstes die Mandeln im Mixtopf 10 Sekunden/ Stufe 7 und fülle auch diese in eine separate Schüssel. Gib anschließend die Kuvertüre in den Mixtopf, zerkleinere sie 8 Sekunden/ Stufe 8 und fülle sie in eine separate Schüssel. Vermische den Kakao mit der zerkleinerten Kuvertüre und reinige den Mixtopf. Achte darauf, dass keine Fettreste zurückbleiben.

3. Trenne nun die Eier und gib das Eiweiß mit einer Prise Salz und 50 g Zucker in den Mixtopf. Setze den Schmetterling auf die Klinge und schlage das Eiweiß 4 Minuten/ Stufe 4 auf. Fülle anschließend den Eischnee in eine separate Schüssel um und stelle diese in den Kühlschrank.

4. Verrühre nun im Mixtopf die Butter mit dem Vanillezucker, dem Puderzucker und der Zitronenschale 4 Minuten/ Stufe 3 und gib währenddessen die Eigelbe und den Rum durch die Deckelöffnung dazu.

5. Als Nächstes gibst du das Mehl, das Backpulver und die gemahlenen Mandeln dazu und rührst die Teigmischung 5 Minuten/ Stufe 4. Heize währenddessen den Backofen auf 175°C Ober-/Unterhitze vor und fette die Backform mit etwas Butter ein. Bestäube sie anschließend mit etwas Mehl.

6. Hebe nun mit Hilfe des Spatels den Eischnee unter den Teig und verrühre ihn 1 Minute/ Stufe 1. Gieße die Hälfte des Teiges in die gefettete Backform und

gib die Kuvertüremischung zu dem restlichen Teig in den Mixtopf. Rühre die Kuvertüre 1 Minute/ Stufe 2 in den Teig ein und verteile den Schokoladenteig in der Backform. Ziehe eine Gabel spiralförmig durch die Teigschichten, sodass eine Marmorierung entsteht.

7. Backe den Kuchen im vorgeheizten Backofen 70 Minuten/ 175°C Ober-/Unterhitze. Lass ihn anschließend 10 Minuten in der Form abkühlen und stürze ihn dann zum Auskühlen auf ein Kuchengitter. Bevor du ihn servierst, bestäube ihn nach Belieben mit Puderzucker.

1 Blech | 1 h 50 Min. | mittel

MOHNKUCHEN

Zubereitungszeit: 20 Minuten
Ruhezeit: 40 Minuten
Backzeit: 15 Minuten, 50°C / 35 Minuten, 180°C Ober-/ Unterhitze
Backutensilien: Backblech
Zutaten für 1 Blech

Für den Teig:

- 20 g frische Hefe
- 150 g Milch
- 400 g Mehl, Type 405
- 100 g Zucker
- 1 Ei, Größe M
- 80 g Butter, in Stücken, weich
- 1 Prise Salz

Für die Streusel:

- 250 g Mehl, Type 405
- 150 g Butter, in Stücken
- 120 g Zucker
- 1 Päckchen Vanillezucker

Für den Belag:

- 250 g Mohn
- 110 g Zucker
- 500 g Milch
- 80 g Grieß
- 80 g Butter, in Stücken
- 2 Eier, Größe M
- 1 EL geriebene Zitronenschale

1. Zuerst verrührst du die Hefe mit der Milch 2 Minuten/ 37°C/ Stufe 2. Gib das Mehl, Zucker, Ei, Butter und das Salz dazu und knete 2 Minuten/ Teigknetstufe einen Hefeteig. Der Teig muss jetzt 40 Minuten abgedeckt an einem warmen Ort gehen.

2. Danach heizt du den Backofen auf 50°C Ober-/ Unterhitze vor und legst ein Backblech mit Backpapier aus. Rolle den Teig auf einer bemehlten Arbeitsfläche aus und gib ihn dann auf das Backblech. Lass diesen für weitere 15 Minuten/ 50°C Ober-Unterhitze gehen.

3. Währenddessen stellst du aus Mehl, Butter, Zucker und Vanillezucker im gereinigten Mixtopf 10 Sekunden/ Stufe 6 die Streusel für den Kuchen her und füllst sie in eine Schale um.

4. Zerkleinere anschließend den Mohn im gereinigten Mixtopf 30 Sekunden/ Stufe 9. Füge den Zucker, Milch, Grieß, Butter, Eier und den Zitronenschalenabrieb hinzu und vermenge die Zutaten 9 Minuten/ 90°C/ Stufe 3.

5. Verteile den Mohnbelag auf dem warmen Boden und bedecke ihn mit den Streuseln. Die Ofentemperatur erhöhst du nun auf 180°C Ober-/Unterhitze und backst den Blechkuchen 35 Minuten fertig.

3 Gugelhupfe | mind. 1 h 15 Min. | leicht

GUGELHUPF-MINIS

Zubereitungszeit: 10 Minuten
Ruhezeit: mind. 40 Minuten
Backzeit: ca. 25 Minuten, 200°C Ober-/Unterhitze
Backutensilien: 3 Gugelhupfformen, Ø 6 cm
Zutaten für 3 kleine Gugelhupfe

- 30 g Hefe
- 30 g lauwarmes Wasser
- 250 g Butter, in Stücken, Zimmertemperatur
- 90 g Zucker
- 5 Eier, Größe M
- 10 g Vanillezucker
- 500 g Mehl
- 1 Prise Salz
- 200 g Rosinen
- Butter oder Öl für die Guglhupfformen

1. Zuerst bröselst du die Hefe in den Mixtopf, gibst das Wasser hinzu und löst die Hefe 2 Minuten/ 37°C/ Stufe 2 auf. Setze den Schmetterling ein und füge Butter, Zucker, Eier und Vanillezucker hinzu. Vermenge die Zutaten 2 Minuten/ Stufe 3 und entferne anschließend den Schmetterling.

2. Gib Mehl und Salz in den Mixtopf hinzu und vermische den Teig 30 Sekunden/ Stufe 4. Rühre die Rosinen 1 Minute/ Linkslauf/ Stufe 3 unter.

3. Fette die Gugelhupfformen mit Butter oder Öl ein und verteile den Teig auf die Formen. Lass die Kuchen jetzt mit einem Küchentuch abgedeckt mindestens 40 Minuten an einem warmen Ort gehen.

4. In der Zwischenzeit heizt du den Ofen schon mal auf 200°C Ober-/Unterhitze vor.

5. Backe die Gugelhupfe ca. 25 Minuten/ 200°C Ober-/Unterhitze auf mittlerer Schiene. Mache zwischendurch die Stäbchenprobe mit einem Zahnstocher, um zu prüfen, wann die Kuchen fertig gebacken sind. Lass die kleinen Kuchen vor dem Verzehr etwas abkühlen.

mixtipp

Dieses Rezept eignet sich als Basisrezept. Füge z.B. Orangeat, Zitronat, Schokoladenstücke, Zimt oder Lebkuchengewürz zu der Teigmasse hinzu.

1 Boden | 35 Min. | leicht

MÜRBETEIG FÜR TORTENBÖDEN

Zubereitungszeit: 15 Minuten
Backzeit: 20 Minuten, 180°C Umluft
Backutensilien: Springform, Ø 26 cm
Zutaten für 1 Boden

250 g Butter, in Stücken, weich
225 g Zucker
je 1 Prise Salz, Vanillezucker und Zitronenschale
2 Eier, Größe M
10 g Wasser
500 g Mehl
10 g Backpulver
Butter für die Form

Dies ist ein Basis-Rezept für jede Art von Tortenböden oder auch für kleine Törtchen. Der Mürbeteig lässt sich auf Vorrat herstellen und einfrieren.

1. Heize den Backofen auf 180°C Umluft vor und fette eine Springform mit Butter ein.

2. Nun schlägst du die zimmerwarme Butter, Zucker, Salz, Vanillezucker und die Zitronenschale im Mixtopf 20 Sekunden/ Stufe 4 leicht schaumig. Unter Rühren gibst du die Eier und das Wasser 30-40 Sekunden/ Stufe 4 bei.

3. Dann siebst du das Mehl mit dem Backpulver und fügst es 20-30 Sekunden/ Stufe 3 zügig hinzu.

4. Verteile anschließend den Teig in der Form und backe ihn 20 Minuten/ 180°C Umluft.

mixtipp

Sobald das Mehl untergemengt wurde, nicht weiter kneten! Ansonsten zieht sich der Teig beim Backen zusammen oder wird zu hart.

1 Blech | 2 h 25 Min. | leicht

GRIECHISCHER OSTERKUCHEN

Zubereitungszeit: 15 Minuten
Kühlzeit: 2 Stunden
Backzeit: 10 Minuten, 180-200°C Umluft
Backutensilien: Backblech
Zutaten für 1 Blech

- 2 TL Anis
- 80 g Olivenöl
- 500 g Mehl
- 1 Prise Salz
- 250 g Sprudelwasser
- 20 g Backhefe
- 50 g Öl zum Bestreichen
- Zucker, nach Belieben
- 1 TL Sesam

1. Als Erstes gibst du den Anis mit dem Öl in den Mixtopf und dünstest ihn 2-3 Minuten/ 100°C/ Sanftrührstufe. Füge nun das Mehl, die Prise Salz, das Wasser und die Hefe 3 Minuten/ Stufe 3 hinzu.

2. Hole nun den Teig aus dem Mixtopf und lege ihn in einem verschlossenen Plastikbeutel für mindestens zwei Stunden in den Kühlschrank.

3. Als Nächstes heizt du den Ofen auf 200°C Umluft vor. In der Zwischenzeit rollst du den Teig auf einer bemehlten Arbeitsfläche ca. 1 cm dick aus. Anschließend legst du ihn auf ein gefettetes Backblech.

4. Bestreiche den Teig mit einem Pinsel mit Öl und bestreue ihn mit dem Sesam und reichlich Zucker. Backe den Ölkuchen 10 Minuten/ 180°C-200°C Umluft, bis er goldbraun geworden ist. Anschließend kalt werden lassen und nach Belieben garnieren und servieren!

1 Kuchen | 55 Min. | mittel

TORTA MANDORLA

Zubereitungszeit: 10 Minuten
Backzeit: 45 Minuten, 160°C Umluft
Backutensilien: Springform, Ø 20 cm
Zutaten für 1 Kuchen

- 150 g Mandeln, gehäutet
- 140 g Mehl
- 25 g Speisestärke
- 2 TL Backpulver
- 1 Prise Salz
- 150 g Butter, in Stücken, weich
- 100 g Zucker
- 15 g Amaretto
- 5 Tropfen Mandelaroma
- 3 Eier, Größe M
- 50 g blanchierte Mandeln für die Dekoration
- Öl oder Butter für die Form

1. Heize zunächst den Backofen auf 160°C Umluft vor und bestreiche die Backform mit etwas Öl oder Butter.

2. Gib dann die Mandeln in den Mixtopf und zerkleinere sie 10 Sekunden/ Stufe 8.

3. Fülle nun das Mehl, die Stärke, das Backpulver, das Salz, die weiche Butter und den Zucker in den Mixtopf und vermische die Zutaten 5 Minuten/ Stufe 3. Anschließend Amaretto, Mandelaroma und Eier hinzufügen und den Teig nochmals 2 Minuten/ Stufe 3 verrühren.

4. Fülle den Teig in die vorbereitete Form und streiche ihn glatt. Dekoriere nun die Oberfläche mit den blanchierten Mandeln, indem du sie kreisförmig anordnest und ganz leicht in den Teig drückst.

5. Gib jetzt die Torta in den Backofen und backe sie 45 Minuten/ 160°C Umluft. Kontrolliere den Kuchen nach 35 Minuten: Falls die Mandeln zu dunkel werden, solltest du den Kuchen für die letzten 15 Minuten mit Backpapier abdecken.

mixtipp

Wenn du keine blanchierten Mandeln im Haus hast, kannst du die Torte auch ohne die Mandeldekoration backen und dafür im Anschluss mit Puderzucker bestäuben!

1 Blech | 1 h 15 Min. | leicht

SUGARSHAKE

Zubereitungszeit: 10 Minuten
Ruhezeit: 50 Minuten
Backzeit: 15 Minuten, 180°C Umluft
Backutensilien: Backblech
Zutaten für 1 Blech

Für den Teig:

1 Würfel Hefe (42 g)
200 g Milch, lauwarm
75 g Zucker
85 g Butter, in Stücken, weich
1 Prise Salz
500 g Mehl
1 Ei, Größe M

Für den Belag:

150 g Butter, kalt, in Flocken
100 g Zucker
100 g Mandelblätter

1. Löse als Erstes die Hefe im Mixtopf auf. Dafür zerbröselst du den Hefewürfel in den Mixtopf, gibst 3 EL von der lauwarmen Milch und 1 TL Zucker hinzu und verrührst alles 2 Minuten/ 37°C/ Stufe 2.

2. Gib jetzt auch die Butter, den restlichen Zucker, das Salz, das Mehl, das Ei und die restliche Milch in den Mixtopf dazu und vermische alles 5 Minuten/ Teigknetstufe.

3. Fülle den Teig in eine bemehlte separate Schüssel und bedecke ihn mit einem Küchentuch. Lass ihn 30 Minuten an einem warmen Ort gehen.

4. Heize den Backofen schon mal auf 180°C Umluft vor.

5. Rolle den Teig nach der Gehzeit auf einem Backpapierbogen aus und lege diesen auf das Backblech.

6. Drücke in regelmäßigen Abständen mit dem Zeigefinger kleine Mulden in den Teig und verteile die Butterflöckchen darauf. Bestreue den Teig mit Zucker und den Mandelblättchen und lass ihn weitere 20 Minuten an einem windgeschützten Ort gehen.

7. Backe den Kuchen nun 15 Minuten/ 180°C Umluft.

mixtipp

Bist du ein Zimt-Junkie? Dann benutze zum Bestreuen des Kuchens eine Zimt-Zucker-Mischung.

1 Stollen | 1 h 25 Min. | mittel

TOPFENSTOLLEN

Zubereitungszeit: 10 Minuten
Ruhezeit: 15 Minuten
Backzeit: 1 Stunde, 175°C Ober-/Unterhitze
Backutensilien: Backblech
Zutaten für 1 Stollen

- 100 g Rosinen
- 60 g Mandeln, geschält
- 30 g Orangeat
- 30 g Zitronat
- 4 EL Rum
- 100 g Butter, in Stücken, weich
- 100 g Zucker
- 1 Bio-Zitrone
- 1 Ei, Größe M
- ½ TL Zimt
- 1 Msp. Kardamom
- 125 g Quark, 20 % Fettgehalt
- 250 g Weizenmehl, Type 405
- 10 g Backpulver

1. Zerkleinere Rosinen, Mandeln, Orangeat und Zitronat im Mixtopf 10 Sekunden/ Stufe 5 und fülle die Mischung in eine Schale mit dem Rum. Lass die Mischung darin mindestens 15 Minuten ziehen.

2. Heize den Backofen auf 175°C Ober-/Unterhitze vor.

3. Verrühre die Butter mit dem Zucker im Mixtopf 1 Minute/ Stufe 4.

4. Als Nächstes wäschst du unter warmem Wasser die Zitrone, trocknest sie ab und reibst mit einer feinen Reibe die Schale der halben Zitrone in den Mixtopf.

5. Füge dann auch das Ei, Zimt, Kardamom und Quark hinzu und verrühre alle Zutaten 1 Minute/ Stufe 3.

6. Anschließend verrührst du das Mehl mit dem Backpulver und gibst die Mischung in den Mixtopf dazu. Verrühre alles erneut 2 Minuten/ Teigknetstufe und gib dabei nach und nach die in Rum eingelegte Mischung inklusive Rum durch die Deckelöffnung hinzu.

7. Forme nun mit bemehlten Händen aus dem Teig einen Stollen und lege diesen auf ein mit Backpapier ausgelegtes Backblech. Backe den Stollen im vorgeheizten Backofen 1 Stunde/ 175°C Ober-/Unterhitze aus.

mixtipp
Wer nicht so gerne Rum mag, kann diesen z.B. durch Amaretto ersetzen.

OBSTKUCHEN UND -TORTEN

*„Wo Kuchen ist,
da ist auch Hoffnung.
Und Kuchen gibt es immer."*

1 Kuchen | 1 h 45 Min. | leicht

APFELKUCHEN ELSÄSSER ART

Zubereitungszeit: 20 Minuten
Ruhezeit: 30 Minuten
Backzeit: 55 Minuten, 160°C Umluft
Backutensilien: Springform, Ø 26 cm
Zutaten für 1 Kuchen

Für den Teig:

- 125 g Butter, in Stücken
- 250 g Mehl
- 50 g Zucker
- 1 Prise Salz
- 1 Ei, Größe M
- etwas Butter für die Form

Für die Füllung:

- 800 g Äpfel, geschält, geviertelt, entkernt

Für den Guss:

- ½ Bio-Zitrone
- 125 g Sahne
- 3 Eier, Größe M
- 100 g Zucker
- 1 Päckchen Vanillezucker

1. Verrühre für den Teig die Butter, das Mehl, den Zucker, das Salz und das Ei im Mixtopf 4 Minuten/ Stufe 4. Forme den Teig zu einer Kugel und umwickle ihn mit Frischhaltefolie. Lege den Teig für 30 Minuten in den Kühlschrank und reinige den Mixtopf.

2. Fette währenddessen die Backform mit etwas Butter ein und heize den Backofen auf 160°C Umluft vor.

3. Rolle den Teig auf einer bemehlten Oberfläche aus und lege ihn in die Backform. Drücke den Teig am Rand der Backform ca. 4 cm hoch, sodass ein Rand entsteht.

4. Schneide die Apfelviertel in Scheiben und verteile sie auf dem Teig. Backe den Teig nun im vorgeheizten Backofen 25 Minuten/ 160°C Umluft und wasche die Zitrone unter heißem Wasser ab, trockne sie und reibe sie mit einer feinen Reibe in ein Schälchen.

5. Für den Guss verrührst du die Sahne mit den Eiern, dem Zucker, dem Vanillezucker und der Zitronenschale im Mixtopf 2 Minuten/ Stufe 3. Gieße den Guss über den Kuchen und backe ihn weitere 30 Minuten.

1 Kuchen | 1 h | leicht

APRIKOSENWÄHE

Zubereitungszeit: 20 Minuten
Backzeit: 40 Minuten,
180°C Ober-/Unterhitze
Backutensilien: Tarteform,
Ø 28 cm
Zutaten für 1 Kuchen

Für die Füllung:

490 g Aprikosen aus der Dose (Abtropfgewicht)

Für den Teig:

- 50 g Mandeln
- 150 g Butter, in Stücken, weich
- 100 g brauner Zucker
- 3 Eier, Größe M
- 150 g Mehl
- 1 Messerspitze Backpulver
- etwas Butter für die Form

Für den Guss:

- 40 g Zucker
- 200 g Crème Fraîche
- 2 Eigelb, Größe M

1. Als Erstes gibst du die Aprikosen in ein Sieb und lässt sie abtropfen. Heize den Backofen auf 180°C Ober-/Unterhitze vor.

2. Für den Teig zerkleinerst du die Mandeln im Mixtopf 10 Sekunden/ Stufe 8. Gib die Butter, den Zucker und die Eier dazu und verrühre alles 3 Minuten/ Stufe 3. Anschließend fügst du das Mehl und das Backpulver hinzu und verrührst die Mischung erneut 4 Minuten/ Stufe 3.

3. Fette die Tarteform währenddessen mit etwas Butter ein und verteile den Teig gleichmäßig in der Form. Belege den Teig mit den Aprikosen.

4. Für den Guss pulverisierst du im gereinigten Mixtopf den Zucker 10 Sekunden/ Stufe 10. Warte 2 Minuten bevor du den Deckel öffnest, da der Puderzucker sonst zu sehr staubt. Füge die Crème Fraîche und das Eigelb hinzu und verrühre die Creme 2 Minuten/ Stufe 4.

5. Verteile die Creme nun auf den Aprikosen und backe die Tarte im vorgeheizten Backofen 40 Minuten/ 180°C Ober-/Unterhitze.

mixtipp

Du kannst die Aprikosen auch durch ein anderes Obst ersetzen, wie z.B. Kirschen oder kernlose Trauben.

1 Kuchen | 3 h 10 - 5 h 15 Min. | leicht

BISKUIT DELUXE –
RHABARBER-ERDBEER-SCHICHTKUCHEN

Zubereitungszeit: 45 Minuten
Ruhezeit: ca. 2-4 Stunden
Backzeit: 25-30 Minuten, 180°C Ober-/Unterhitze
Backutensilien: Springform, Ø 26 cm
Zutaten für 1 Kuchen

Für den Biskuitteig:

400 g Rhabarber
100 g Speisestärke
100 g Mehl
200 g Zucker
4 Eier, Größe M
½ Pck. Backpulver
evtl. Vanillezucker

Für das Topping:

ca. 300 g Erdbeeren
60 g Zucker (eventuell mit Vanille)
300 g Doppelrahmfrischkäse
80 g sehr weiche Butter
Öl für die Form
Semmelbrösel für die Form

1. Heize zuerst den Backofen auf 180°C Ober-/Unterhitze vor. Währenddessen wäschst du den Rhabarber (je nach Sorte und Alter eventuell schälen) und schneidest ihn in ca. 2 cm dicke Stücke. Die Rhabarberstücke verteilst du auf dem Boden der geölten und mit Semmelbröseln bestreuten Springform.

2. Danach setzt du für den Biskuitteig den Schmetterling in den Mixtopf ein und gibst Speisestärke, Mehl, Zucker, Eier, Backpulver und nach Belieben Vanillezucker in den Mixtopf. Den Teig rührst du dann 50 Sekunden/ Stufe 3. Anschließend gibst du den Teig in die Springform auf den Rhabarber und backst alles 25-30 Minuten bei 180°C Ober-/Unterhitze auf mittlerer Schiene im Ofen. Anschließend lässt du den Biskuitkuchen ca. 2-4 Stunden abkühlen.

3. Für das Erdbeer-Topping wäschst du nun die Erdbeeren und schneidest sie in Stücke. Gib den Zucker in den gespülten und getrockneten Mixtopf und pulverisiere ihn anschließend 10 Sekunden/ Stufe 10. Danach gibst du den Doppelrahmfrischkäse und die weiche Butter dazu und verrührst alles 12 Sekunden/ Stufe 4.

4. Zum Schluss verteilst du die Creme auf dem ausgekühlten Biskuitkuchen und legst danach die Erdbeerstücke auf die Butter-Frischkäse-Creme.

mixtipp

Auch sehr lecker mit Himbeeren, Heidelbeeren und Brombeeren.

1 Kuchen | 45 Min. | leicht

BIZCOCHO DE NARANJA – ORANGENKUCHEN

Zubereitungszeit: 15 Minuten
Backzeit: 30 Minuten,
180°C Ober-/Unterhitze
Backutensilien: Gugelhupfform
Zutaten für 1 Kuchen

- 4 Eier, Größe M
- 125 g Zucker
- 2 Päckchen Vanillezucker
- 150 g Öl
- 150 g Orangensaft
- 15 g Backpulver
- 250 g Mehl
- Öl zum Einfetten
- Puderzucker zum Bestäuben

1. Als Erstes heizt du den Backofen auf 180°C Ober-/Unterhitze vor.

2. Verrühre nun die Eier mit dem Zucker und dem Vanillezucker 10 Sekunden/ Stufe 5 im Mixtopf und gib dann das Öl und den Orangensaft dazu. Danach vermischst du alles nochmals 5 Sekunden/ Stufe 5.

3. Vermische das Backpulver mit dem Mehl und gib das Gemisch langsam durch die Deckelöffnung in den Mixtopf. Dabei rührst du es auf Stufe 2 unter. Wenn die ganze Mehlmischung im Mixtopf ist, verrührst du alles 5 Minuten/ Stufe 2, bis ein gleichmäßiger Teig entsteht.

4. Jetzt fettest du eine Gugelhupfform gut mit Öl ein. Das geht am besten, wenn du etwas Öl in ein kleines Schüsselchen gibst und es dann mit einem Pinsel in der Form verstreichst. Verteile anschließend den Teig gleichmäßig in der Form.

5. Backe den Orangenkuchen nun 30 Minuten bei 180°C Ober-/Unterhitze im vorgeheizten Ofen, bis er goldbraun ist. Stürze ihn auf einen Kuchenrost, lass ihn abkühlen und bestäube ihn zu guter Letzt mit Puderzucker.

1 Kuchen | 75 Min. | mittel

MÖHRENKUCHEN MIT LIMETTEN-FRISCHKÄSE-TOPPING

Zubereitungszeit: 15 Minuten
Backzeit: 60 Minuten, 180°C Ober-/Unterhitze
Backutensilien: Kastenform
Zutaten für 1 Kuchen

Für den Teig:

- 100 g Mandeln, im Ganzen
- 100 g Walnüsse, im Ganzen
- 225 g Karotten, geschält, in 4 cm große Stücke geschnitten
- 225 g Butter, in Stücken, weich
- 225 g Zucker
- 4 Eier, Größe M
- 140 g Mehl
- 1½ TL Backpulver
- 1 Prise Salz
- 1 TL Zimt, 1 Prise gemahlene Nelken, ½ TL gemahlener Ingwer oder 1 TL Apfelkuchengewürz
- Saft und Schale von 1 Bio-Orange

Für das Limetten-Frischkäse-Topping:

- 85 g Zucker
- 250 g Mascarpone
- 100 g Frischkäse
- 1 Päckchen Sahnesteif
- Saft und Schale von 2 Bio-Limetten

1. Heize den Ofen auf 180°C Ober-/Unterhitze vor und lege eine Kastenform mit Backpapier aus.

2. Als Erstes mahlst du die Mandeln im Mixtopf 10 Sekunden/ Stufe 6 und füllst sie in eine große Schüssel um. Dann mahlst du die Walnüsse etwas gröber 5 Sekunden/ Stufe 4,5 und schüttest sie zu den Mandeln in die Schüssel.

3. Als Nächstes zerkleinerst du die geschälten Karotten 10 Sekunden/ Stufe 5 und füllst auch diese in die Schüssel um.

4. Ohne den Mixtopf auszuspülen, wiegst du Butter und Zucker ein und schlägst beides 1 Minute/ Stufe 4 schaumig. Nach 20 Sekunden kannst du nach und nach die Eier durch die Deckelöffnung geben.

5. Anschließend fügst du das Mehl, das Backpulver, die gemahlenen Nüsse, die Karotten, das Salz und die Gewürze hinzu und rührst alles 1 Minute/ Stufe 5 mit Hilfe des Spatels durch. Keine Sorge, wenn der Thermomix etwas überfordert scheint – rühre am Schluss einfach alles nochmal mit dem Spatel durch.

6. Nun verteilst du den Teig in der Kastenform und backst ihn auf mittlerer Schiene 60 Minuten/ 180°C Ober-/Unterhitze.

7. Lass den Kuchen dann kurz abkühlen und stürze ihn zum vollständigen Auskühlen auf einen Kuchenrost.

8. Für das Topping pulverisierst du zunächst im gereinigten Mixtopf den Zucker 20 Sekunden/ Stufe 10. Warte 1 Minute, bevor du den Deckel öffnest, da der Zucker sehr staubt.

9. Füge Mascarpone, Frischkäse, Sahnesteif, Limettensaft und -schale hinzu und vermenge alles 30 Sekunden/ Stufe 3.

10. Wenn der Kuchen ausgekühlt ist, verteilst du die Creme auf dem Kuchen und verzierst ihn mit ein paar gehackten Walnüssen.

mixtipp

Ohne das Frischkäse-Topping kannst du den Kuchen wunderbar einfrieren.

1 Brot | 55-75 Min. | leicht

FRÜCHTEBROT

Zubereitungszeit: 15 Minuten
Backzeit: 40-60 Minuten, 160°C Ober-/Unterhitze
Backutensilien: Brotbackform, alternativ Kastenform
Zutaten für 1 Brot

- 5 Eier, Größe M
- 1 Prise Salz
- 120 g Zucker
- 130 g Haselnüsse
- 50 g Zartbitterkuvertüre
- 100 g getrocknete Feigen
- 80 g Butter, in Stücken, weich
- 120 g Weizenmehl, Type 405
- 50 g Rosinen
- 50 g kandierte Früchte, nach Belieben
- etwas Butter für die Form
- geschälte Mandeln zum Verzieren

mixtipp
Dekoriere das Früchtebrot mit Nüssen anstatt mit Mandeln.

1. Als Erstes trennst du die Eier und gibst das Eiweiß mit 1 Prise Salz in den Mixtopf. Hebe das Eigelb in einer separaten Schale auf. Setze den Schmetterling auf die Klinge und schlage das Eiweiß 4 Minuten/ Stufe 4 zu Eischnee. Während das Eiweiß aufschlägt, lässt du 60 g Zucker langsam durch die Deckelöffnung einrieseln. Nimm nach dem Aufschlagen den Schmetterling ab und fülle den Eischnee in eine separate Schale um. Stelle den Eischnee bis zu seiner Weiterverarbeitung in den Kühlschrank.

2. Reinige und trockne den Mixtopf gründlich und heize den Backofen auf 160°C Ober-/Unterhitze vor.

3. Zerkleinere nun im Mixtopf 80 g Haselnüsse 10 Sekunden/ Stufe 7 und fülle sie in eine separate Schale.

4. Als Nächstes zerkleinerst du die Schokolade 8 Sekunden/ Stufe 8 und schüttest sie zu den zerkleinerten Haselnüssen.

5. Nun zerkleinerst du die Feigen 5 Sekunden/ Stufe 5 und füllst auch sie in eine separate Schale. Reinige und trockne anschließend den Mixtopf gründlich.

6. Pulverisiere nun 60 g Zucker im Mixtopf 10 Sekunden/ Stufe 10 und warte 1 Minute bevor du den Deckel öffnest. Gib dann Butter und Eigelb in den Mixtopf dazu und verrühre die Zutaten 2 Minuten/ Stufe 3.

7. Jetzt gibst du das Mehl und die Haselnuss-Schoko-Mischung hinzu und verrührst alles 1 Minute/ Stufe 3 zu einem Teig. Danach rührst du mit Hilfe des Spatels den Eischnee 30 Sekunden/ Stufe 3 unter.

8. Gib dann auch die Rosinen, die kandierten Früchte, 50 g Haselnüsse und die zerkleinerten Feigen hinzu und rühre sie 30 Sekunden/ Linkslauf/ Stufe 4 unter.

9. Fette die Backform mit etwas Butter ein und verteile den Teig gleichmäßig in der Form. Verziere das Brot mit den Mandeln und backe es 40-60 Minuten/ 160°C Ober-/Unterhitze aus. Die Backzeit variiert je nach Gerät, deshalb solltest du nach 40 Minuten Backzeit eine Messerprobe durchführen. Wenn noch Teig an dem Messer haften bleibt, ist das Brot noch nicht ausgebacken.

1 Kuchen | 12 h 40 Min. | mittel

BLUEBERRY BOMB

Zubereitungszeit: 20 Minuten
Ruhezeit: 12 Stunden
Backzeit: 20 Minuten, 175°C Ober-/Unterhitze
Backutensilien: Springform, Ø 26 cm
Zutaten für 1 Kuchen

Für den Teig:

- 100 g Butter, in Stücken, kalt
- 50 g Zucker
- 1 Ei, Größe M
- 30 g Wasser
- 200 g Mehl

Für die Füllung:

- 250 g Schlagsahne, kalt
- 1 Päckchen Sahnesteif
- 500 g Magerquark
- 300 g Joghurt
- 100 g Zucker
- 1 Päckchen Vanillezucker
- 2 Päckchen Gelatine fix
- 200 g Heidelbeerkonfitüre
- 250 g Heidelbeeren, gefroren

1. Backofen auf 175°C Ober-/Unterhitze vorheizen.

2. Für den Mürbeteig verrührst du die Butter, den Zucker, das Ei und das Wasser im Mixtopf 1 Minute/ Stufe 4. Füge jetzt das Mehl hinzu und vermische alles 30 Sekunden/ Stufe 4. Schiebe den Teig mit dem Spatel nach unten und verrühre den Teig erneut 30 Sekunden/ Stufe 4.

3. Gib den fertigen Mürbeteig in eine gefettete Springform, drücke ihn fest und steche ihn mehrmals mit einer Gabel ein. Dann backst du ihn im Backofen auf der mittleren Schiene 20 Minuten/ 175°C Ober-/ Unterhitze.

4. Anschließend den Mixtopf gründlich reinigen, kalt ausspülen und gut abtrocknen. Setze den Schmetterling ein und schlage nun die Sahne unter Beobachtung auf Stufe 3 steif. Lass nach 25 Sekunden das Sahnesteif einrieseln. Fülle die Sahne in eine separate Schüssel um und stelle sie in den Kühlschrank. Entferne den Schmetterling und reinige den Mixtopf erneut.

5. Fülle Quark, Joghurt, Zucker und Vanillezucker in den Mixtopf und verrühre die Zutaten 2 Minuten/ Linkslauf/ Stufe 4. Währenddessen die Gelatine durch die Deckelöffnung einrieseln lassen. Anschließend hebst du die Sahne mit dem Kochlöffel unter. Verteile die fertige Creme auf dem Teig und streiche sie glatt. Nun kannst du die Torte über Nacht in den Kühlschrank stellen.

6. Erwärme die Heidelbeerkonfitüre im Mixtopf 1 Minute/ 60°C/ Stufe 3. Anschließend fügst du die Heidelbeeren hinzu und verrührst alles 4 Minuten/ 60°C/ Linkslauf/ Stufe 3. Belege dann den Kuchen mit der abgekühlten Heidelbeermasse. Stelle den Kuchen bis zum Servieren erneut in den Kühlschrank.

16 Stück | 45 Min. | leicht

KIRSCHMUFFINS

Zubereitungszeit: 25 Minuten
Backzeit: 20 Minuten, 180°C Umluft
Backutensilien: 16 Muffinformen oder Muffinblech
Zutaten für 16 Stück

50 g gehackte Haselnüsse
350 g Sauerkirschen, aus dem Glas
200 g Buttermilch
80 g Öl
100 g Zucker
2 Eier, Größe M
250 g Mehl, Type 405
1 Päckchen Backpulver
½ TL Natron
Butter für die Form

1. Heize zu Beginn den Backofen auf 180°C Umluft vor und fette ein Muffinblech mit Butter ein.

2. Zerkleinere die Haselnüsse im Mixtopf 5 Sekunden/ Stufe 5 und stelle sie in einer Schale beiseite. Lass außerdem die Kirschen gut abtropfen.

3. Vermische Buttermilch, Öl, Zucker und die Eier im Mixtopf 1 Minute/ Stufe 4. Füge nun das Mehl, Backpulver, Natron und die gehackten Haselnüsse hinzu. Verarbeite die Zutaten 3 Minuten/ Teigknetstufe zu einem geschmeidigen Rührteig.

4. Den Teig verteilst du auf die Muffinblech-Mulden oder Muffinformen und drückst die abgetropften Kirschen leicht hinein. Backe deine Muffins 20 Minuten/ 180°C Umluft aus.

1 Kuchen | 50 Min. | leicht

MELONENKUCHEN

Zubereitungszeit: 10 Minuten
Backzeit: 40 Minuten,
180°C Ober-/Unterhitze
Backutensilien: Kastenform
Zutaten für 1 Kuchen

- ½ Cantaloupe-Melone, in Stücken
- 50 g Sonnenblumenkerne
- 50 g Kürbiskerne
- 3 Eier, Größe M
- 150 g Zucker
- 1 Päckchen Vanillezucker
- 170 g Mehl
- 1 Päckchen Backpulver
- Öl für die Form

1. Schäle als Erstes die Melone und schneide sie in Scheiben. Fette die Kastenform mit etwas Öl ein und bestreue sie mit den Sonnenblumen- und Kürbiskernen. Lege nun die Form mit den Melonenscheiben aus und heize den Backofen auf 180°C Ober-/Unterhitze vor.

2. Verrühre als Nächstes die Eier, den Zucker und den Vanillezucker im Mixtopf 1 Minute/ Stufe 3. Füge anschließend das Mehl und das Backpulver hinzu und verrühre alles 3 Minuten/ Stufe 4. Verteile nun den Teig gleichmäßig in der Form und backe ihn im vorgeheizten Backofen 40 Minuten/ 180°C Ober-/ Unterhitze. Prüfe nach der Backzeit mit einem Holzspieß, ob der Kuchen gar ist. Bleiben keine Teigrückstände an diesem haften, ist der Kuchen fertig. Ansonsten verlängerst du die Backzeit um einige Minuten.

1 Kuchen | 75 Min. | leicht

PFLAUMENKUCHEN MIT STREUSELN

Zubereitungszeit: 10 Minuten
Backzeit: 65 Minuten, 180°C Ober-/Unterhitze
Backutensilien: Springform, Ø 26 cm
Zutaten für 1 Kuchen

Für die Streusel:

- 280 g Mehl
- 120 g Zucker
- 170 g Butter, in Stücken, kalt

Für den Teig:

- 3 Eier, Größe M
- 150 g Zucker
- 150 g Mehl
- ¼ Pck. Backpulver

Weitere Zutaten:

- 200-300 g Pflaumen
- 100 g Sahne

1. Heize zuerst den Backofen auf 180°C Ober-/Unterhitze vor. Wasche, entkerne und halbiere dann die Pflaumen.

2. Als Nächstes gibst du Mehl, Zucker und Butter in den Mixtopf und knetest daraus 35-40 Sekunden/ Stufe 5 Streusel. Anschließend füllst du die Streusel um und stellst sie in den Kühlschrank.

3. Spüle dann den Mixtopf, setze den Schmetterling ein und fülle Eier, Zucker, Mehl und Backpulver in den Mixtopf. Schlage aus den Zutaten 50 Sekunden/ Stufe 3 einen lockeren Biskuitteig und fülle ihn in die mit Backpapier ausgelegte Backform.

4. Lege nun die geschnittenen Pflaumen auf den Biskuitteig, verteile die Streusel gleichmäßig darüber und backe den Kuchen 65 Minuten/ 180°C Ober-/ Unterhitze im Ofen auf mittlerer Schiene.

5. Nach dem Backen begießt du den noch heißen Kuchen mit der flüssigen Sahne, das macht ihn schön saftig.

mixtipp

Du kannst die Pflaumen auch weglassen, dann gibst du die Streusel direkt auf den Biskuitteig.

1 Blech | 1 h 40 Min. | leicht

ZWETSCHGENKUCHEN

Zubereitungszeit: 10 Minuten
Ruhezeit: 30 Minuten
Backzeit: 60 Minuten, 180°C Ober-/Unterhitze
Backutensilien: Backblech
Zutaten für 1 Blech

- 1 Würfel Hefe (42 g)
- 250 g lauwarme Milch
- 550 g Mehl
- 50 g Zucker
- 5 g Vanillezucker
- 1 Prise Salz
- 100 g Butter
- 1 Ei, Größe M
- 50 g Semmelbrösel
- ca. 1500 g Zwetschgen
- 30 g Zucker-Zimt-Mischung

1. Brösele zuerst die Hefe in den Mixtopf und löse sie mit 3 EL der Milch 2 Minuten/ 37°C/ Stufe 2 auf.

2. Gib dann Mehl, Zucker, Vanillezucker, Salz, den Rest der Milch, die Butter und das Ei hinzu und vermische die Zutaten 3 Minuten/ Teigknetstufe.

3. Lass den Teig 30 Minuten zugedeckt an einem warmen Ort gehen. Heize währenddessen den Backofen auf 180°C Ober-/Unterhitze vor. Lege ein Backblech mit Backpapier aus. In der Zwischenzeit kannst du die Zwetschgen vorbereiten. Wasche und halbiere sie längs und entferne dabei die Steine. Anschließend verteilst du den Teig auf dem vorbereiteten Backblech und bestreust ihn mit den Semmelbröseln.

4. Belege den Kuchenteig mit den Zwetschgen, streue die Zucker-Zimt-Mischung darüber und backe den Kuchen im vorgeheizten Ofen 60 Minuten/ 180°C Ober-/Unterhitze auf mittlerer Schiene fertig.

mixtipp

Du kannst aus dem Teig und den Zwetschgen auch 3 kleine Tartes ausbacken.

1 Kuchen | 55 Min. - 1 h 10 Min. | leicht

JOHANNISBEERTRAUM

Zubereitungszeit: 20 Minuten
Backzeit: 35-50 Minuten, 180°C Ober-/Unterhitze
Backutensilien: Springform, Ø 26 cm
Zutaten für 1 Kuchen

Für den Belag:

700 g rote Johannisbeeren
50 g Butter, in Stücken
750 g Quark, 40 % Fettgehalt
200 g Zucker
5 g Vanillezucker
3 Eier, Größe M
2 Eigelb, Größe M
30 g Speisestärke

Für den Teig:

300 g Mehl
1 Päckchen Backpulver
150 g Magerquark
70 g Milch
60 g Öl
80 g Zucker
5 g Vanillezucker
1 Prise Salz

Für das Topping:

100 g Zucker
2 Eiweiß

1. Zuerst wäschst du die Johannisbeeren und entfernst die Rispen. Stelle die Beeren in einer separaten Schüssel zunächst beiseite.

2. Lass die Butter für den Belag in einem Topf schmelzen und ziehe den Topf von der Kochstelle. Heize den Ofen auf 180°C Ober-/Unterhitze vor.

3. Vermenge anschließend für den Teig Mehl, Backpulver, Magerquark, Milch, Öl, Zucker, Vanillezucker und Salz 3 Minuten/ Stufe 4 im Mixtopf. Nimm den Teig aus dem Mixtopf und knete ihn mit den Händen auf einer bemehlten Oberfläche noch einmal durch. Verteile den Quark-Teig gleichmäßig in der Kuchenform. Säubere den Mixtopf und trockne ihn ab.

4. Gib jetzt die zerlassene Butter, Quark, Zucker, Vanillezucker, Eier, Eigelb und Speisestärke in den Mixtopf und verquirle die Zutaten für den Belag 2 Minuten/ Stufe 4. Rühre jetzt noch die gewaschenen Beeren 1 Minute/ Linkslauf/ Stufe 2 unter.

5. Schichte den Belag auf den Kuchenteig und backe den Kuchen vorerst 30-40 Minuten/ 180°C Ober-/ Unterhitze im vorgeheizten Backofen auf mittlerer Schiene.

6. In der Zwischenzeit spülst du den Mixtopf gut aus und trocknest ihn ab. Fülle den Zucker für das Topping in den Mixtopf und pulverisiere ihn 10 Sekunden/ Stufe 10. Warte 1 Minute, bis sich der Zuckerstaub

mixtipp

Du kannst die Johannisbeeren auch direkt in den Quark-Öl-Teig (im Linkslauf!) einarbeiten. Lass den Belag weg und du hast eine saftige Johannisbeertarte.

gelegt hat und gib das Eiweiß hinzu. Schlage Eiweiß und Puderzucker mit Hilfe des Schmetterlings 4 Minuten/ Stufe 4 steif. Nach Ablauf der 30-40 Minuten nimmst du den Kuchen aus dem Ofen, verteilst den Eischnee darauf und backst den Johannisbeerkuchen 5-10 Minuten/ 180°C Ober-/Unterhitze fertig.

1 Kuchen | 1 h 45 Min. | leicht

TRAUBENKUCHEN MIT MANDELGUSS

Zubereitungszeit: 20 Minuten
Ruhezeit: 50 Minuten
Backzeit: 35 Minuten, 180°C Ober-/Unterhitze
Backutensilien: Springform, Ø 26 cm
Zutaten für 1 Kuchen

Für den Teig:

150 g Mehl
100 g Butter, in Stücken, weich
50 g Zucker
20 g Wasser
etwas Butter für die Form
500 g Hülsenfrüchte
5 g Semmelbrösel

Für die Füllung:

500 g helle Trauben, kernlos, gewaschen

Für den Guss:

4 Eier, Größe M
100 g Zucker
½ Bio-Zitrone
70 g Mandeln
125 g Butter, in Stücken, weich

1. Als Erstes verrührst du für den Teig das Mehl mit der Butter, dem Zucker und dem Wasser im Mixtopf 20 Sekunden/ Stufe 4. Fülle den Teig in eine separate Schüssel, decke diese mit Frischhaltefolie ab und lass den Teig 30 Minuten im Kühlschrank ruhen. Spüle den Mixtopf gut aus und trockne ihn mit Küchenpapier ab.

2. Heize den Backofen auf 180°C Ober-/Unterhitze vor. Rolle den Teig auf Backpapier aus und lege ihn anschließend in eine gefettete Backform. Achte darauf, dass du am Backformrand einen 2 cm hohen Rand hochdrückst. Stich den Kuchen mehrmals mit einer Gabel ein, bedecke ihn mit Backpapier und lege die Hülsenfrüchte darauf. Backe den Kuchenboden nun 10 Minuten/ 180°C Ober-/Unterhitze im vorgeheizten Backofen.

3. Nach dem Backen entfernst du die Hülsenfrüchte. Dann bestreust du den Teig gleichmäßig mit den Semmelbröseln und belegst ihn mit den Trauben.

4. Für den Guss trennst du als Erstes die Eier und gibst das Eiweiß in den fettfreien Mixtopf. Setze den Schmetterling auf die Klinge, gib 50 g Zucker in den Mixtopf dazu und schlage das Eiweiß 4 Minuten/ Stufe 4 steif.

5. Fülle das geschlagene Eiweiß in eine separate Schüssel um und stelle diese zur Kühlung in den Kühlschrank. Spüle den Mixtopf aus und trockne ihn gut ab. Wasche die Zitrone unter heißem Wasser, trockne sie und reibe die Schale mit einer feinen Reibe in ein Schälchen.

6. Zerkleinere nun die Mandeln im Mixtopf 1 Minute/ Stufe 8 und füge anschließend die Butter, die Zitronenschale, das Eigelb und die restlichen 50 g Zucker hinzu. Verrühre nun alles 2 Minuten/ Stufe 3.

7. Gib als Nächstes den Eischnee in den Mixtopf und rühre ihn mit Hilfe des Spatels vorsichtig unter die Mischung.

8. Gieße anschließend den Guss gleichmäßig über die Trauben und backe den Kuchen im vorgeheizten Backofen noch einmal 25 Minuten/ 180°C Ober-/Unterhitze. Lass den Kuchen nach Ablauf der Backzeit 20 Minuten in der Backform ruhen, löse ihn vorsichtig aus der Backform und lass ihn auf einem Kuchengitter komplett auskühlen.

mixtipp

Schmeckt auch gut mit frischen Feigen.

1 Blech | 30-35 Min. | leicht

ZITRONENSCHNITTE

Zubereitungszeit: 10 Minuten
Backzeit: 20-25 Minuten, 160°C Umluft
Backutensilien: 1 Backblech
Zutaten für 1 Blech

Für den Teig:

- 2 Bio-Zitronen
- 350 g Butter, in Stücken, weich
- 350 g Zucker
- 1 Päckchen Vanillezucker
- 6 Eier, Größe M
- 350 g Mehl
- 10 g Backpulver

Für den Guss:

- 200 g Puderzucker
- 40 g Zitronensaft

1. Heize als Erstes den Backofen auf 160°C Umluft vor. Wasche die Zitronen unter heißem Wasser ab, trockne sie und reibe mit einer feinen Reibe die Schale in ein Schälchen. Presse mit einer Zitronenpresse den Saft der Zitronen in ein separates Schälchen.

2. Für den Teig gibst du die Butter mit dem Zucker und dem Vanillezucker in den Mixtopf und verrührst die Mischung 3 Minuten/ Stufe 3. Gib währenddessen die Eier langsam durch die Deckelöffnung dazu.

3. Jetzt kannst du auch das Mehl, das Backpulver und die abgeriebene Zitronenschale dazugeben und den Teig 2 Minuten 30 Sekunden/ Stufe 5 verrühren.

4. Lege ein Backblech mit Backpapier aus und verteile den Teig gleichmäßig darauf. Backe ihn nun im vorgeheizten Backofen 20-25 Minuten/ 160°C Umluft aus.

5. Wenn der Kuchen vollständig ausgekühlt ist, rührst du 40 g von dem Zitronensaft in den Puderzucker ein und bestreichst damit den Kuchen.

mixtipp

Wenn du eine Fanta-Glasur machst, hast du einen idealen Kuchen für den Kindergeburtstag. Dafür vermischst du Puderzucker mit Limonade.

1 Kuchen	12 h 50 Min.	leicht

NO BAKE LOVELY CAKE – ZITRONENTARTE

Zubereitungszeit: 20 Minuten
Kühlzeit: 12 Stunden 30 Minuten
Utensilien: Springform, Ø 26 cm
Zutaten für 1 Kuchen

Für den Boden:

- 200 g Butterkekse
- 135 g Butter, in Stücken, weich

Für die Zitronencreme:

- 2 Bio-Zitronen
- 1 Bio-Limette
- 3 Eier, Größe M
- 150 g Zucker
- 75 g Butter, in Stücken, weich

1. Zerkleinere zunächst die Butterkekse im Mixtopf 5 Sekunden/ Stufe 5. Fülle die Keksbrösel in eine separate Schüssel um und schmelze anschließend die Butter im Mixtopf 3 Minuten/ 60°C/ Stufe 1. Dann fügst du die Kekskrümel wieder dazu und verrührst die Mischung 2 Minuten/ Stufe 2.

2. Fülle den Kekskrümelboden in eine gefettete Springform und drücke ihn fest. Reinige anschließend den Mixtopf.

3. Für die Creme spülst du die Zitronen und die Limette heiß ab, reibst mit einer feinen Reibe die Schale ab und presst den Saft aus.

4. Dann gibst du die Eier und den Zucker in den Mixtopf und rührst die Mischung 30 Sekunden/ Stufe 4 schaumig.

5. Füge die Butter, den Zitronen- und Limettensaft sowie die Zitronen- und Limettenschalen hinzu und koche alles circa 7 Minuten/ 100°C/ Stufe 2 auf, bis die Creme dicklicher wird.

6. Fülle die Creme anschließend in eine separate Schüssel um und lass sie mindestens 30 Minuten abkühlen.

7. Streiche sie dann auf dem Keksboden glatt und stelle sie über Nacht im Kühlschrank kalt.

HERZHAFTES GEBÄCK

„Wer braucht schon Liebe, wenn man Dinge mit Käse überbacken kann."

4 Portionen | 30 Min. | mittel

BÖREK

Zubereitungszeit: 30 Minuten
Utensilien: große Pfanne
Zutaten für 4 Portionen

- 2 Bund glatte Petersilie
- 2 Frühlingszwiebeln
- 3-4 gekochte Kartoffeln
- Salz, nach Belieben
- Pfeffer, nach Belieben
- Paprika, edelsüß, nach Belieben
- 200 g Schafskäse
- 7 Blatt Minze
- 1 Packung Yufka-Blätter
- 1 Eiweiß zum Bestreichen
- Sonnenblumenöl zum Frittieren

1. Gib die Petersilie und die Frühlingszwiebeln in den Mixtopf und zerkleinere sie 8 Sekunden/ Stufe 8. Fülle die Hälfte in eine Schüssel ab.

2. Gib nun für die erste Füllung die Kartoffeln in den Mixtopf, würze sie nach deinem Geschmack mit Salz, Pfeffer und Paprika und zerkleinere alles 5 Sekunden/ Stufe 8. Die entstandene Kartoffelmasse stellst du beiseite und reinigst den Mixtopf.

3. Fülle die restliche Petersilie-Frühlingszwiebel-Mischung zusammen mit dem Schafskäse und der Minze in den Mixtopf. Würze alles nach Belieben und verrühre dies erneut 8 Sekunden/ Stufe 5.

4. Nun kannst du die Yufka-Blätter mit den Füllungen bestreichen und anschließend aufrollen. Bestreiche den Rand mit Eiweiß, um die Böreks zu verschließen.

5. Frittiere sie nun kurz in ausreichend Öl, bis sie knusprig gebacken sind.

mixtipp

Wörtlich übersetzt heißt „Sigara Börek" Zigarren-Strudel. In diesem Fall ist der Genuss jedoch nicht gesundheitsgefährdend …

4 Portionen | 25 Min. | leicht

FLAMMKUCHEN MIT KÜRBIS

Zubereitungszeit: 10 Minuten
Backzeit: 15 Minuten, 200°C Umluft
Backutensilien: Backblech
Zutaten für 4 Portionen

- 300 g gemahlene Mandeln
- 25 g Dinkelmehl
- ½ TL Backpulver
- ½ TL Salz
- 1 Eiweiß, Größe M
- 100 g Wasser
- 100 g Kürbis, in groben Stücken
- ¼ Gemüsezwiebel
- Kräutersalz, nach Belieben
- 200 g Schmand
- 100 g Speck, gewürfelt

1. Heize den Backofen auf 200°C Umluft vor. Vermische im Mixtopf die gemahlenen Mandeln mit Dinkelmehl, Backpulver, Salz, Eiweiß und Wasser 2 Minuten/ Teigknetstufe.

2. Nimm den Teig anschließend aus dem Mixtopf, rolle ihn auf einem mit Backpapier ausgelegtem Backblech aus und backe ihn im Ofen 5 Minuten/ 200°C Umluft.

3. In der Zwischenzeit gibst du den Kürbis, die Zwiebel und das Kräutersalz in den gereinigten Mixtopf und zerkleinerst die Zutaten 5 Sekunden/ Stufe 5.

4. Nimm den Teig aus dem Ofen, streiche den Schmand darauf und verteile die Mischung aus dem Mixtopf auf dem Flammkuchen. Verteile außerdem den Speck darauf und backe den Flammkuchen weitere 10 Minuten/ 200°C Umluft fertig.

2 Focaccias | 2 h 30- 2 h 45 Min. | mittel

FOCACCIA KARTOFFEL

Zubereitungszeit: 15 Minuten
Ruhezeit: 1 Stunde 45 Minuten - 2 Stunden
Backzeit: 30 Minuten, 210°C/ 230°C Ober-/Unterhitze
Zutaten für 2 Focaccias

330 g kaltes Wasser
250 g Weizenmehl, Type 550
250 g Hartweizengrieß
10 g frische Hefe
10 g Meersalz
10 g Mohnöl
6 Grenaille-Kartoffeln, festkochende Sorte, gekocht, zum Belegen
Olivenöl zum Einstreichen
Haselnüsse, geröstet und gemahlen
Parmesankäse zum Bestreuen

mixtipp
Der Parmesankäse kann zu Beginn im Mixtopf auf Stufe 6 zerkleinert werden.

1. Zuerst gibst du Wasser, Weizenmehl und 100 g vom Hartweizengrieß in den Mixtopf und verrührst alles 20 Sekunden/ Stufe 1. Lass die Mischung danach mindestens 15-30 Minuten ruhen.

2. Nun die Teigmasse mit dem Spatel vom Messer ablösen, die restlichen 150 g Hartweizengrieß, Hefe, Meersalz und Mohnöl hinzugeben und alles 3 Minuten/ Teigknetstufe kneten.

3. Nimm den fertigen Teig aus dem Mixtopf und stelle ihn zum Ruhen für 30 Minuten in einer großen Schüssel beiseite. Anschließend formst du mit bemehlten Händen 2 Brotlaibe aus dem Teig, deren Enden du jeweils mehrfach zusammenfaltest. Dann die Teiglinge noch einmal 30 Minuten ruhen lassen.

4. Jetzt drückst du die Brotlaibe behutsam flach aus. Lege sie danach auf ein mit Backpapier belegtes Backblech und lass sie noch einmal 30 Minuten ruhen. Währenddessen die zuvor gekochten Grenaille-Kartoffeln in Hälften schneiden.

5. Damit die Brotkruste beim Backen in Wasserdampf schön knusprig werden kann, etwa 300 ml Wasser in einer ofenfesten Form unten in den Ofen stellen. Danach den Ofen auf 230°C Ober-/Unterhitze vorheizen.

6. Vor dem Backen bepinseltest du die beiden Brotlaibe mit Olivenöl. Verteile je 6 der halben Grenaille-Kartoffeln gleichmäßig und drücke sie in den Teig hinein. Die Focaccias mit gemahlenen Haselnüssen und Parmesan bestreuen.

7. Nun sind die Focaccias backfertig und können in den Ofen geschoben werden.

8. Damit der überschüssige Dampf abziehen kann, nach 10 Minuten Backzeit kurz die Ofentür aufmachen. Danach die Backtemperatur auf 220°C senken.

9. Fertig sind die Focaccias nach weiteren 20 Minuten und können zum Abkühlen auf ein Kuchenrost gelegt werden.

16 Stück | 1 h 10 Min. | leicht

GEFÜLLTE LAUGENSTANGEN

Zubereitungszeit: 20 Minuten
Ruhezeit: 30 Minuten
Backzeit: 20 Minuten, 180°C Umluft
Backutensilien: großer Topf, Backbleche
Zutaten für 16 Stück

Für die Laugenstangen:

- 1 Päckchen Trockenhefe
- 5 g Zucker
- 300 g Wasser
- 20 g Butter
- 500 g Mehl
- 5 g Salz
- 6 TL Natron
- grobes Salz, Mohn, Sesam oder Kümmel zum Bestreuen

Für die Füllung:

- Käse, Aufschnitt, Salami, Speck, Paprika, o.Ä.

1. Zerbrösele zunächst die Hefe in den Mixtopf und löse sie mit Zucker und 300 g Wasser 2 Minuten/ 37°C/ Stufe 1 auf.

2. Verknete die Hefemischung dann mit Butter, Mehl und Salz 2 Minuten/ Teigknetstufe zu einem Hefeteig. Fülle diesen in eine Schüssel um und lass ihn ca. 30 Minuten abgedeckt an einem warmen Ort gehen.

3. Schneide anschließend den Teig in 16 Teile. Rolle jedes Teigstück rund aus und belege es nach Lust und Laune mit Käse, Aufschnitt, Salami, Speck oder auch Gemüse – der Kreativität sind hier keine Grenzen gesetzt! Nach dem Belegen wird jedes Teil einfach aufgerollt und mit dem Ende nach unten auf ein mit Backpapier ausgelegtes Blech gelegt. Die Enden der Stangen noch ein wenig zusammendrücken, sodass nicht allzu viel von der Füllung ausläuft!

4. Heize dann den Ofen auf 180°C Umluft vor und bringe Wasser mit dem Natron in einem großen Topf zum Kochen. Tauche jede Stange eine halbe Minute bis 1 Minute in die Lauge und lege sie auf ein weiteres mit Backpapier ausgelegtes Blech. Bestreue die Stangen nach Belieben mit Salz, Mohn, Sesam oder Kümmel. Backe jeweils 8 Laugenstangen pro Blech 20 Minuten/ 180°C Umluft. Lass die Stangen ein paar Minuten abkühlen und löse sie vorsichtig vom Backpapier, damit sie nicht zerreißen.

2 Bleche | 1 h 20-1 h 30 Min. | leicht

GEMÜSEECKEN MIT KÄSEGUSS

Zubereitungszeit: 15 Minuten
Ruhezeit: 20 Minuten
Backzeit: 45-55 Minuten, 200°C Ober-/Unterhitze
Backutensilien: Backbleche
Zutaten für 2 Bleche

Für den Teig:
½ Würfel frische Hefe (21 g)
80 g lauwarmes Wasser
½ TL Zucker
250 g Mehl, Type 550
Salz, nach Belieben
schwarzer Pfeffer, nach Belieben
30 g Rapsöl

Für den Belag:
100 g Emmentaler, in Stücken
2 Knoblauchzehen
3 Eier, Größe M
200 g Crème Fraîche
45 g Milch
1 EL gemischte Kräuter, gehackt (z.B. Schnittlauch, Petersilie, Kresse, Dill)
100 g Lauch, in Ringen
100 g rote Paprika, in Streifen
150 g Mais (aus der Dose)

1. Zuerst bereitest du den Teig zu. Dafür bröselst du die Hefe in den Mixtopf und löst sie mit 10 g Wasser und ½ Teelöffel Zucker 2 Minuten/ 37°C/ Stufe 2 auf.

2. Gib anschließend Mehl, Salz, Pfeffer, Rapsöl und die restlichen 70 g Wasser dazu und vermenge die Zutaten 2 Minuten/ Teigknetstufe zu einem Hefeteig. Teile nun den Teig in zwei Teile und rolle diese jeweils auf ein gefettetes Backblech aus. Lass die Teige dann abgedeckt an einem warmen Ort 20 Minuten gehen.

3. Heize den Backofen auf 200°C Ober-/Unterhitze vor und reinige den Mixtopf gründlich.

4. Zerkleinere den Emmentaler im Mixtopf 8 Sekunden/ Stufe 10 und fülle ihn in eine separate Schüssel um.

5. Als Nächstes zerkleinerst du die Knoblauchzehen 5 Sekunden/ Stufe 5 und schiebst die Stücke mit dem Spatel nach unten. Gib die Eier, den zerkleinerten Käse, die Crème Fraîche, die Milch und die Kräuter dazu und verrühre die Zutaten 1 Minute/ Stufe 3. Würze gegebenenfalls mit Salz und Pfeffer.

6. Verteile den Lauch, die Paprika und den Mais auf den Blechen und gieße den Guss darüber. Backe die Bleche nacheinander im Backofen 45-55 Minuten/ 200°C Ober-/Unterhitze. Warm und kalt ein Genuss!

6 Portionen | 1 h 20 Min. | mittel

MANGOLDKUCHEN MIT YUFKATEIG

Zubereitungszeit: 20 Minuten
Backzeit: 1 Stunde, 200°C Ober-/Unterhitze
Backutensilien: Springform, Ø 26 cm
Zutaten für 6 Portionen

- 50 g Comté, in Stücken
- 30 g Parmesan, in Stücken
- 300 g frischer Mangold
- 1 Zwiebel, halbiert
- 2 Knoblauchzehen
- 4 getrocknete Tomaten
- 30 g Olivenöl
- ½ Packung frischer Yufkateig, z.B. von Tante Fanny
- 4 Eier, Größe M
- 250 g Sahne
- 10 g Mehl
- Salz, nach Belieben
- Pfeffer, nach Belieben
- ½ TL Chiliflocken

1. Zerkleinere zu Beginn die beiden Käsesorten zusammen 10 Sekunden/ Stufe 10 im Mixtopf. Stelle die Stückchen in einer Schüssel beiseite.

2. Wasche den Mangold und schneide die Stiele keilförmig von den Blättern. Schneide die Stiele in Streifen und die Blätter ebenfalls grob klein.

3. Zerkleinere jetzt die Zwiebel, den Knoblauch und die getrockneten Tomaten 5 Sekunden/ Stufe 5 im Mixtopf. Schiebe die Stücke mit dem Spatel nach unten. Gieße das Öl dazu und dünste die Stückchen 2 Minuten/ 100°C/ Stufe 1 an.

4. Gib jetzt die in Streifen geschnittenen Mangoldstiele hinzu und dünste sie 7 Minuten/ Varoma/ Linkslauf/ Stufe 1 mit an. Währenddessen legst du eine Springform schon einmal mit der Hälfte des Yufkateigs aus, sodass auch die Ränder mit Yufkateig bedeckt sind. Vermische außerdem die Eier mit der Sahne und dem Mehl in einer separaten Schale und würze die Mischung mit Salz und Pfeffer.

5. Nach Ablauf der Zeit gibst du auch die Mangoldblätter in den Mixtopf und dünstest sie zusammen mit der Mischung im Mixtopf 3 Minuten/ Varoma/ Linkslauf/ Stufe 1 an. Würze das Gemüse mit Salz, Pfeffer und Chiliflocken und füge die Sahne-Ei-Mischung hinzu.

6. Verrühre das Gemisch zusammen mit den Käsestücken 30 Sekunden/ Linkslauf/ Stufe 3 und fülle es in die Springform. Lege die restlichen Yufkablätter auf die Masse und backe den Kuchen 60 Minuten/ 200°C Ober-/Unterhitze fertig.

6 Portionen | 3 h 7-15 Min. | leicht

PIZZA

Zubereitungszeit: 30 Minuten
Ruhezeit: 2 Stunden 30 Minuten
Backzeit: 7-15 Minuten, 220°C Umluft
Backutensilien: Backstein oder Backblech
Zutaten für 6 Portionen

Für den Teig:

- 330 g Wasser
- 20 g Öl
- 25 g frische Hefe
- 400 g Mehl, Type 405
- 200 g Mehl, Type 550
- 1 ½ gehäufte TL Salz

Für den Belag:

- 400 g stückige Tomaten, aus der Dose
- 2 EL Öl
- 1 TL Oregano
- 1 Prise Kräutersalz

Zutaten deiner Wahl:

- Salamischeiben, Champignons, Mais, Scampis, etc.
- 500 g Pizzakäse oder Parmesan
- gehackte Basilikumblätter

1. Als Erstes gibst du alle Zutaten für den Teig in den Mixtopf und verknetest sie 2 Minuten/ Teigknetstufe. Gib etwas Mehl dazu, wenn dir der Teig noch zu weich vorkommt und knete den Teig für weitere 30 Sekunden/ Teigknetstufe. Anschließend lässt du den Teig abgedeckt für ca. 2 ½ Stunden gehen.

2. Nun kannst du den Belag vorbereiten: Dazu die Tomaten mit 2 Esslöffeln Öl verrühren und ganz nach deinem Geschmack mit Oregano und Kräutersalz würzen.

3. Den Backofen auf 220°C Umluft vorheizen.

4. Nun rollst du den Teig aus und formst nach Belieben 3 dickere oder dünnere runde Pizzaböden.

5. Die Pizzaböden bestreichst du mit der Tomatenmischung, belegst sie mit den Zutaten deiner Wahl und verteilst den Käse darüber.

6. Im vorgeheizten Backofen backst du die Pizzen nacheinander. Am besten verwendest du dabei einen Pizzastein. In diesem Fall dauert die Backzeit 7-12 Minuten. Du kannst die Pizza auch auf ein Backblech mit Backpapier legen, dann dauert die Backzeit etwas länger, ca. 15 Minuten.

36 Stück | 50 Min. | mittel

SAUSAGE ROLLS

Zubereitungszeit: 20 Minuten
Backzeit: 30 Minuten,
200°C Ober-/Unterhitze
Backutensilien: Backblech,
Spritzbeutel, Ø 3 cm
Zutaten für 36 Stück

Klassische Sausage Rolls:

- 400 g Schweinehackfleisch
- Schale von 1 Bio-Zitrone
- ½ TL Fenchelsamen
- 20 g Tomatenmark
- 1 Ei, Größe M
- 50 g Semmelbrösel
- 5 g Salz
- 1 Packung gefrorener Blätterteig (6 Blätter)
- 1 Eigelb, mit etwas Milch verrührt

Variante 1: mit eingelegten gerösteten Paprika:

- 150 g eingelegte geröstete Paprika

Variante 2: mit rotem Pesto und Cranberries:

- ½ Glas rotes Pesto (100 g) anstelle von Tomatenpüree
- 100 g getrocknete Cranberries

1. Heize zunächst den Ofen auf 200°C Ober-/Unterhitze vor und lege ein Backblech mit Backpapier aus.

2. Für die klassischen Sausage Rolls gibst du das Hackfleisch, die abgeriebene Schale der Zitrone, den Fenchel, das Tomatenmark, das Ei, die Semmelbrösel und Salz in den Mixtopf und mischst alles 20 Sekunden/ Stufe 4 durch.

3. Für die Paprika-Rolls zerkleinerst du zuzüglich die eingelegten Paprika 3 Sekunden/ Stufe 4. Entscheidest du dich für Variante 2, vermengst du Pesto und Cranberries mit den restlichen Zutaten aus Schritt 2 20 Sekunden/ Stufe 4.

4. Sollte die Füllung deiner Wahl zu fest sein, um sich durch die Spritzbeutel drücken zu lassen, gibst du noch ein bisschen Wasser dazu. Fülle dann die gesamte Masse in einen Spritzbeutel.

5. Lege die Blätterteigplatten nebeneinander und drücke die Ränder an der Längsseite etwas flach. Bestreiche die Längsnaht mit der Ei-Milch-Mischung.

6. Spritze nun auf jede Blätterteigplatte eine Fleischrolle. Es sollten genau sechs Stück ergeben. Wickle die Wurst fest ein und bestreiche die Rolle erneut mit der Milch-Ei-Mischung.

7. Halbiere zuerst jede Rolle und drittel schließlich diese Hälfte, sodass du aus jeder Rolle sechs Sausage Rolls bekommst. Backe diese dann im Ofen 30 Minuten/ 200°C Ober-/Unterhitze.

mixtipp
Vegetarische Sausage Rolls schmecken auch gut – probiere mal eine Quinoa-Füllung.

Bei uns gibt es keinen Mirácolitag, sondern Sausage-Roll-Tag! Wenn es sich in der Nachbarschaft rumspricht, dass ich Sausage Rolls mache, kommen alle mit oder ohne Vorwand vorbei, um ein paar Rolls abzustauben. Auch hier ist das Gerüst immer gleich und du kannst mit allen Ideen spielen. Anstelle der Cranberries kannst du getrocknete Aprikosen verwenden, oder Chilis, wenn du richtige Männer-Sausage-Rolls machen willst (Anmerkung: In England solltest du jedoch nie nach einer Gentleman Sausage fragen, denn dann bekommst du etwas anderes …). Die Rolls lassen sich gebacken wunderbar einfrieren. Nimm sie einfach aus dem Gefrierfach und backe sie gefroren oder aufgetaut ein paar Minuten auf, damit sie wieder schön knusprig werden.

4 Portionen | 40 Min. | leicht

THUNFISCH-PAPRIKA-ZUCCHINI-MUFFINS

Zubereitungszeit: 10 Minuten
Backzeit: 30 Minuten, 160°C Umluft
Backutensilien: Muffinformen
Zutaten für 4 Portionen

- 100 g Gouda, in Stücken
- ½ Bund Petersilie, ohne Stiele
- 1 Zwiebel, halbiert
- 1 rote Paprika, in Stücken
- 100 g Zucchini, in Stücken
- 300 g Thunfisch aus der Dose, in Eigensaft
- 3 Eier, Größe M
- Paprika, edelsüß, nach Belieben
- Salz, nach Belieben
- Pfeffer, nach Belieben
- 1 Packung Tante Fanny Dinkel-Blätterteig

1. Zerkleinere den Gouda im Mixtopf 5 Sekunden/ Stufe 5 und fülle die Stücke in eine Schüssel um. Heize den Backofen auf 160°C Umluft vor.

2. Gib die gewaschene und trocken getupfte Petersilie, Zwiebel, Paprika und Zucchini in den Mixtopf und zerkleinere alles gemeinsam 5 Sekunden/ Stufe 5. Schiebe die Stücke mit dem Spatel nach unten.

3. Lass den Thunfisch nun gut abtropfen und füge ihn zu der Gemüsemischung hinzu. Ergänze die Eier und die Käsestückchen und füge Paprika, Salz und Pfeffer nach deinem Geschmack hinzu. Vermische alle Zutaten 10 Sekunden/ Stufe 3.

4. Schneide den Blätterteig in 10 x 10 cm große Stücke. Diese legst du in Papier- oder Muffinförmchen und gibst den Muffinteig darauf.

5. Backe die Muffins im Ofen 30 Minuten/ 160°C Umluft. Vor dem Herausnehmen solltest du mit Zahnstochern prüfen, ob die Muffins durchgebacken sind.

6. Abschließend lässt du die Muffins auf einem Kuchengitter abkühlen.

1 Quiche | 40-50 Min. | leicht

TOMATEN-FETA-QUICHE

Zubereitungszeit: 10 Minuten
Backzeit: 30-40 Minuten, 190°C Ober-/Unterhitze
Backutensilien: Springform, Ø 26 cm
Zutaten für 1 Quiche

40 g Parmesan, in groben Stücken	
1 Zwiebel, halbiert	
1 Knoblauchzehe	
200 g Kartoffeln (gekocht, vom Vortag)	
250 g griechischer Joghurt	
80 g Olivenöl	
3 Eier, Größe M	
150 g Feta, in groben Stücken	
125 g Mehl	
3 Tomaten, in dünnen Scheiben	
Salz, nach Belieben	
Pfeffer, nach Belieben	

1. Heize zunächst den Ofen auf 190°C Ober-/Unterhitze vor.

2. Zerkleinere dann den Parmesan im Mixtopf 10 Sekunden/ Stufe 8. Fülle ihn anschließend in eine separate Schüssel um.

3. Gib nun die Zwiebel und den Knoblauch in den Mixtopf und zerkleinere beides 5 Sekunden/ Stufe 5. Schiebe die Reste vom Rand mit dem Spatel nach unten.

4. Füge nun die Kartoffeln hinzu und vermenge diese mit der Zwiebel-Knoblauch-Mischung 10 Sekunden/ Stufe 5.

5. Jetzt gibst du den Joghurt, Olivenöl, Eier, Feta, Mehl, Salz und Pfeffer in den Mixtopf dazu und mischst die Masse 2 Minuten/ Linkslauf/ Stufe 2.

6. Verteile die Mischung in einer gefetteten Springform und belege die Quiche mit den Tomaten. Zu guter Letzt streust du den geriebenen Parmesan darüber. Backe die Quiche im Ofen 30-40 Minuten/ 190°C Ober-/Unterhitze.

12 Stück | 1 h 25 Min. | leicht

YORKSHIRE PUDDING

Zubereitungszeit: 30 Minuten
Ruhezeit: 30 Minuten
Backzeit: 25 Minuten, 200°C Ober-/Unterhitze
Backutensilien: Muffinblech oder 12 Muffinformen
Zutaten für 12 Stück

1 Ei, Größe M
50 g heißes Wasser
100 g kalte Milch
5 g Salz
110 g Mehl

1. Vermische das Ei mit dem heißen Wasser, der kalten Milch und dem Salz im Mixtopf 10 Sekunden/ Stufe 5. Anschließend rührst du das Mehl 1 Minute/ Stufe 4 unter.

2. Lass den Teig nun mindestens eine halbe Stunde ruhen. Heize außerdem den Backofen auf 200°C Ober-/Unterhitze vor.

3. Gib den Teig in ein eingefettetes Muffinblech und backe die Yorkshire Puddings 25 Minuten/ 200°C Ober-/Unterhitze im vorgeheizten Ofen fertig.

mixtipp

Yorkshire Pudding wird in England als Beilage zu Fleischgerichten serviert. In die Mulde in der Mitte gibt man Bratensauce.

8 Portionen | 40 Min. | leicht

YUFKATEIG GEFÜLLT MIT OLIVEN-SCHAFSKÄSE-CREME

Zubereitungszeit: 25 Minuten
Backzeit: 15 Minuten,
200°C Ober-/Unterhitze
Backutensilien: Backblech
Zutaten für 8 Portionen

4 Yufka-Teigblätter, frisch (zum Beispiel von Tante Fanny aus dem Kühlregal)
1 Zwiebel, halbiert
1 Knoblauchzehe
10 frische Minzblätter
25 g schwarze Oliven, entsteint
20 g Olivenöl
200 g Schafskäse, in Stücken
1 Eigelb, Größe M

1. Rolle die Yufka-Teigblätter aus und halbiere sie diagonal. Gib Zwiebel, Knoblauch, Minze und Oliven in den Mixtopf und zerkleinere die Zutaten 3 Sekunden/ Stufe 5. Schiebe die Mischung mit dem Spatel nach unten. Heize den Backofen auf 200°C Ober-/ Unterhitze vor.

2. Nun fügst du Olivenöl und Schafskäse hinzu und verrührst alles 8 Sekunden/ Stufe 5.

3. Verteile die Schafskäsefüllung mit Löffeln auf den Yufka-Teigblättern und rolle diese auf, von der breiten Seite zur Spitze.

4. Lege die Hörnchen auf ein mit Backpapier ausgelegtes Backblech, bestreiche sie mit dem verquirlten Eigelb und backe die Yufkateigröllchen 15 Minuten/ 200°C Ober-/Unterhitze.

mixtipp

Yufka-Teigblätter bekommst du in jedem türkischen Lebensmittelladen oder in größeren, gut sortierten Supermärkten im Kühlregal.

1 Kuchen | 1 h 30 Min. | leicht

ZWIEBELKUCHEN

Zubereitungszeit: 15 Minuten
Ruhezeit: 30 Minuten
Backzeit: 45 Minuten, 180°C Umluft
Utensilien: Backpapier, Backblech
Zutaten für 1 Kuchen

Für den Teig:

- 1 Päckchen Trockenhefe
- 200 g Milch, 3,5 % Fettgehalt
- ½ TL Zucker
- 100 g Butter, in Stücken
- 400 g Weizenmehl, Type 405
- 1 Ei, Größe M
- 5 g Salz

Für die Füllung:

- 500 g Zwiebeln, halbiert
- 25 g Butter
- 125 g Speck, gewürfelt
- 200 g Sahne
- 200 g Crème Fraîche
- 4 Eier, Größe M
- Salz, nach Belieben
- Cayennepfeffer, nach Belieben
- Muskatnuss, nach Belieben

1. Als Erstes bereitest du den Teig vor. Dafür löst du die Hefe mit Milch, Zucker und Butter im Mixtopf 2 Minuten/ 37°C/ Stufe 1 auf. Gib dann Mehl, Ei und Salz hinzu und verrühre den Teig 2 Minuten/ Teigknetstufe. Fülle ihn anschließend in eine bemehlte Schale und lass ihn darin zugedeckt an einem warmen Ort 30 Minuten ruhen.

2. Währenddessen spülst du den Mixtopf aus und zerkleinerst darin die Zwiebeln 5 Sekunden/ Stufe 5. Schiebe die Reste mit dem Spatel nach unten. Gib dann Butter und Speck hinzu und dünste alles 5 Minuten/ 100°C/ Linkslauf/ Stufe 1.

3. Füge nun Sahne, Crème Fraîche, Eier, Salz, Cayennepfeffer und Muskatnuss hinzu und verrühre alles 2 Minuten/ Stufe 3.

4. Lege das Backblech mit Backpapier aus und heize den Backofen auf 180°C Umluft vor.

5. Rolle nun den Teig auf einer bemehlten Arbeitsfläche aus und lege ihn auf das mit Backpapier ausgelegte Backblech. Ziehe mit den Fingern die Ränder des Teiges an den Seiten hoch, sodass ein 1 cm hoher Rand entsteht.

6. Verteile die Füllung gleichmäßig auf dem Teig und backe den Zwiebelkuchen 45 Minuten/ 180°C Umluft aus. Die Backzeit variiert natürlich je nach Backofen, deswegen solltest du nach 30 Minuten Backzeit den Zwiebelkuchen unter Beobachtung haben. Verkürze oder verlängere gegebenenfalls die Backzeit.

mixtipp

Schmeckt sowohl kalt als auch warm.

BROTE & CO.

„Brot ist dicker als Brötchen."

3 Stück | 2 h | leicht

BAGELS

Zubereitungszeit: 20 Minuten
Ruhezeit: 1 Stunde 20 Minuten
Backzeit: 20 Minuten,
200°C Ober-/Unterhitze
Backutensilien: Backblech, Topf
Zutaten für 3 Stück

120 g Milch
1 TL Zucker
20 g frische Hefe (½ Würfel)
1 TL Salz
20 g Öl
250 g Vollkornmehl
1 Eiweiß, Größe M
Sesam, Sonnenblumenkerne, Haferflocken oder Mohn

1. Löse zu Beginn die zerbröselte Hefe und den Zucker in der zimmerwarmen Milch 2 Minuten/ 37°C/ Stufe 2 auf.

2. Füge Salz, Öl und Vollkornmehl hinzu und verknete die Zutaten 5 Minuten/ Teigknetstufe. Stelle den Teig für 1 Stunde an einen warmen Platz, damit er gehen kann.

3. Jetzt teilst du den Teig in 3 gleich große Stücke, die du zu Kugeln formst. Steche ein Loch in jede Kugel und lass die Bagelrohlinge weitere 20 Minuten unter einem sauberen Küchenhandtuch gehen.

4. Heize den Backofen auf 200°C Ober-/Unterhitze vor. In einem Kochtopf bringst du Wasser zum Kochen. Pochiere die drei Bagelrohlinge jeweils von jeder Seite 1 Minute im siedenden Wasser, das heißt, du garst die Bagels im siedenen Wasser vor.

5. Lege die Bagels auf ein mit Backpapier belegtes Backblech und bestreiche sie mit dem verquirlten Eiweiß. Bestreue sie mit den Körnern deiner Wahl und backe die Bagels 20 Minuten/ 200°C Ober-/Unterhitze fertig.

1 Blech | 73 Min. | mittel

FLADENBROT MIT SCHWARZKÜMMEL

Zubereitungszeit: 8 Minuten
Ruhezeit: 40 Minuten
Backzeit: 25 Minuten,
200°C Ober-/Unterhitze
Backutensilien: Backblech
Zutaten für 1 Blech

- 210 g Milch
- 210 g Wasser
- 15 g Zucker
- 5 g Salz
- ½ Würfel Hefe (21g)
- 650 g Mehl
- 20 g Öl
- 80 g Mehl für das Backblech

Auf das Fladenbrot:

- 25 g Milch
- 25 g Öl
- 2 TL Sesam und Schwarzkümmel

1. Gib zuerst die Milch, das Wasser, den Zucker, das Salz und die zerbröselte Hefe in den Mixtopf und verrühre die Zutaten 2 Minuten/ 37°C/ Stufe 2.

2. Füge das Mehl und das Öl hinzu und knete 2 Minuten/ Teigknetstufe einen Teig. Lass den Teig dann 20 Minuten im Mixtopf gehen. Anschließend nochmal 20 Sekunden/ Teigknetstufe kneten.

3. Gib den Teig nun auf ein bemehltes Backblech und verteile ihn mit den Fingern (oder mit einer Teigrolle) gleichmäßig auf dem Blech. Anschließend lässt du den Teig 20 Minuten im geschlossenen Ofen, abgedeckt mit einem sauberen Küchentuch, gehen. Mische die Milch und das Öl in einer kleinen Schüssel und stelle es zum Aufwärmen in den Ofen zum gehenden Teig. Am Ende der Gehzeit holst du das Backblech aus dem Ofen und ritzt mit einem Messer das typische Schachbrettmuster ein.

4. Verteile zum Schluss das Milch-Öl-Gemisch auf dem Fladenbrot, gib darauf den Sesam und den Schwarzkümmel und backe das Brot 25 Minuten/ 200°C Ober-/Unterhitze ohne Vorheizen im unteren Drittel des Ofens.

1 Blech | 40 Min. | leicht

OLIVENÖL-WINDBEUTEL

Zubereitungszeit: 20 Minuten
Backzeit: 20 Minuten,
170°C Umluft
Backutensilien: Backblech,
Spritzbeutel
Zutaten für 1 Blech

- 180 g Wasser
- 160 g Milch
- 150 g Olivenöl, extra vergine
- 180 g Mehl
- ½ Päckchen Backpulver
- 5 g Zucker
- 1 Prise Salz
- 4 Eier, Größe M

1. Zuerst heizt du den Backofen auf 170°C Umluft vor. Gib dann Wasser, Milch und Olivenöl in den Mixtopf und koche alles 4 Minuten/ 100°C/ Stufe 1.

2. Anschließend Mehl, Backpulver, Zucker und Salz hinzufügen und alles 3 Minuten/ 100°C/ Stufe 5 vermischen. Lass den Teig danach 10 Minuten abkühlen.

3. Gib jetzt die Eier dazu und mische sie 10 Sekunden/ Stufe 5 unter den Teig, bis du einen geschmeidigen Teig erhalten hast und die Eier ganz untergerührt sind.

4. Fülle den Windbeutel-Teig in einen Spritzbeutel oder in einen Frischhaltebeutel, dessen Spitze du abschneidest und verteile die Teighäufchen auf einem mit Backpapier belegten Backblech.

5. Backe die Windbeutel im vorgeheizten Ofen ca. 20 Minuten/ 170°C Umluft.

12 Portionen | 1 h 25 Min. | mittel

SONNTAGSBRÖTCHEN

Zubereitungszeit: 10 Minuten
Ruhezeit: 1 Stunde
Backzeit: 15 Minuten, 250°C Ober-/Unterhitze
Backutensilien: Backblech
Zutaten für 12 Portionen

100 g Walnüsse
½ Würfel Hefe (21 g)
200 g Wasser + 3 EL
5 g Salz
10 g Honig
350 g Weizenmehl
150 g Weichweizengrieß
20 g Olivenöl

1. Heize den Backofen auf 250°C Ober-/Unterhitze vor.

2. Gib die Walnüsse in den Mixtopf und zerkleinere sie 10 Sekunden/ Stufe 10. Fülle sie dann in eine separate Schüssel um.

3. Zerbrösele die frische Hefe in den Mixtopf und löse sie mit 3 EL Wasser 2 Minuten/ 37°C/ Stufe 2 auf.

4. Gib Salz, Honig, Weizenmehl, Weichweizengrieß, Olivenöl sowie die Nüsse zu der aufgelösten Hefe hinzu und vermenge alles 3 Minuten/ Teigknetstufe zu einem geschmeidigen Teig.

5. Fülle den Teig in eine separate Schüssel um und lass ihn 1 Stunde zugedeckt an einem warmen Ort gehen.

6. Forme aus dem Teig 12 ovale Brötchen, schneide sie oben leicht ein und bestreiche sie mit Wasser.

7. Verteile die Brötchen auf ein mit Backpapier ausgelegtes Blech und backe sie bei 250°C Ober-/ Unterhitze für circa 15 Minuten, bis sie die gewünschte Bräune erreicht haben. Stelle außerdem eine feuerfeste Schale, gefüllt mit Wasser, mit in den Ofen.

mixtipp

Wenn du magst, kannst du die Brötchen, bevor du sie in den Ofen gibst, auch mit Sonnenblumenkernen oder Chiasamen bestreuen.

1 Zopf | 2 h 50 Min. | leicht

HEFEZOPF

Zubereitungszeit: 15 Minuten
Ruhezeit: 2 Stunden
Backzeit: 35 Minuten,
200°C Ober-/Unterhitze
Backutensilien: Backblech
Zutaten für 1 Zopf

- ½ Würfel Hefe (20 g)
- 1 Prise Zucker
- 350 g Milch
- 2 Prisen Salz
- 500 g Mehl, Type 405
- 70 g Butter, in Stücken, weich
- 1 Eigelb, Größe M, zum Bestreichen

1. Zerbrösele den halben Würfel Hefe in den Mixtopf und löse ihn mit dem Zucker und der Milch 2 Minuten/ 37°C/ Stufe 2 auf.

2. Füge das Salz, das Mehl und die Butter hinzu und verrühre alles 8 Minuten/ Teigknetstufe.

3. Fülle den Teig anschließend in eine mit Mehl bestäubte Schale und lass ihn zugedeckt an einem warmen Ort 1 Stunde 30 Minuten aufgehen.

4. Heize dann den Backofen auf 200°C Ober-/ Unterhitze vor.

5. Flechte nach der Gehzeit aus dem Teig einen Zopf. Teile den Teig dafür zuerst in drei gleich große Stücke, die du zu Rollen formst. Lege die Rollen nebeneinander und drücke sie am oberen Ende leicht zusammen. Dann legst du sie abwechselnd umeinander und flechtest sie zu einem Zopf.

6. Lege den Zopf auf ein mit Backpapier ausgelegtes Backblech. Verquirle das Eigelb mit einer Gabel und bestreiche damit den Zopf. Lass ihn weitere 30 Minuten aufgehen und backe ihn anschließend 35 Minuten/ 200°C Ober-/Unterhitze goldbraun.

10 Stück | 20 Min. | leicht

STOCKBROT

Zubereitungszeit: 20 Minuten
Zutaten für 10 Stück

400 g Mehl
1 Päckchen Backpulver
150 g Milch
50 g Butter, in Stücken, weich
5 g Salz

1. Als Erstes gibst du das Mehl mit dem Backpulver in den Mixtopf. Dann fügst du Milch, Butter und Salz hinzu und vermischst alles 2 Minuten/ Teigknetstufe zu einem lockeren Teig. Kommt er dir noch zu trocken vor, kannst du noch etwas mehr Milch dazugießen.

2. Teile den fertigen Teig nun in 10 gleich große Teigkugeln, die du jeweils zu einem langen Faden ziehst und um einen sauberen Stock wickelst. Drücke den Teig anschließend noch einmal gut an den Stock.

3. Nun können die Stöcke über die glühende Kohle gehalten werden. Um eine ebenmäßige Bräune zu erhalten, drehst du das Brot, bis es goldbraun ist.

mixtipp

Stockbrot grillt noch schneller (und hygienischer), wenn du den Stock mit Alufolie umwickelst.

3 Baguettes | 3 h 20 Min. | mittel

BAGUETTE OLIVE

Zubereitungszeit: 20 Minuten
Ruhezeit: 2 Stunden 30 Minuten
Backzeit: 30 Minuten,
210°C/ 230°C Ober-/Unterhitze
Zutaten für ca. 3 Baguettes

330 g kaltes Wasser
500 g Weizenmehl Type 550
10 g Meersalz
10 g frische Hefe
130 g schwarze Oliven, ohne Steine
Kräuter der Provence zum Bestreuen

1. Für den Teig gibst du Wasser und 400 g Weizenmehl in den Mixtopf und verrührst alles 20 Sekunden/ Stufe 1. Danach lässt du den Teig mindestens 30-60 Minuten ruhen.

2. Löse den Teig nun mit dem Spatel vom Messer. Anschließend die restlichen 100 g Weizenmehl, Salz und Hefe zugeben und den Teig 2 Minuten/ Teigknetstufe kneten.

3. Mische die Oliven mit dem Spatel kurz unter und knete alles weitere 30-50 Sekunden/ Teigknetstufe. Dabei den Spatel zur Unterstützung einsetzen.

4. Lass den fertigen Teig etwa 30 Minuten ruhen. Forme dann mit bemehlten Händen 2-3 Brotlaibe daraus, die du dann jeweils mehrfach an den Enden zusammenfaltest. Wieder 30 Minuten ruhen lassen. Anschließend formst du aus den Brotlaiben Baguettes. Nach einer letzten Ruhephase von 30 Minuten sind die Baguettes bereit zum Backen.

5. Wasserdampf sorgt dafür, dass die Kruste schön knusprig wird. Dazu stellst du unten in den Ofen eine ofenfeste Form mit etwa 300 ml Wasser. Heize den Backofen danach auf 230°C Ober-/Unterhitze vor.

6. Die Baguettes nun mit ausreichendem Abstand auf ein mit Backpapier ausgelegtes Backblech legen und die Kräuter der Provence darüberstreuen. Vor dem Backen mit einem scharfen Messer mehrfach schräg die Oberfläche der Brote einschneiden. Nun können die Baguettes in den vorgeheizten Backofen eingebracht werden.

7. Damit die Feuchtigkeit abziehen kann, solltest du nach etwa 10 Minuten die Ofentür für kurze Zeit öffnen und die Backtemperatur danach auf 210°C senken.

8. Die Baguettes Olive sind nach etwa 20 Minuten fertig und können zum Abkühlen auf ein Kuchengitter gelegt werden.

1 Brot | 1 h 50-55 Min. | leicht

EIWEISSBROT

Zubereitungszeit: 1 Stunde
Backzeit: 50-55 Minuten, 170°C Ober-/Unterhitze
Backutensilien: Brotbackform
Zutaten für 1 Brot

- 250 g Haferkleie, in Flocken
- 30 g Chia-Samen
- 30 g Sesam
- 50 g Weizenkleie
- 1 Päckchen Backpulver
- 500 g Magerquark
- 5 Eier, Größe M
- 50 g Wasser
- 5 g Salz
- 1 TL Korianderpulver
- ½ TL Anissamen
- ½ TL Kümmel

1. Zuerst gibst du Haferkleie, Chia-Samen, Sesam, Weizenkleie und Backpulver in den Mixtopf und vermischst die Zutaten 5 Sekunden/ Stufe 3. Heize den Backofen auf 170°C Ober-/Unterhitze vor.

2. Nun fügst du Quark, Eier, Wasser, Salz, Koriander, Anis und Kümmel hinzu und verrührst alles 3 Minuten/ Teigknetstufe zu einem Teig. Lege eine Brotbackform mit Backpapier aus und fülle den Teig hinein.

3. Backe das Brot 50-55 Minuten/ 170°C Ober-/ Unterhitze fertig. Teste vor dem Herausnehmen, ob das Brot fertig gebacken ist. Wenn nicht, lass das Eiweißbrot weitere 10 Minuten im Ofen. Lass es anschließend auf einem Kuchengitter abkühlen.

mixtipp
Mit Chia-Samen bestreut sieht es noch leckerer aus.

2 Brote | 1 h 30 Min. | mittel

KNOBLAUCHZUPFER

Zubereitungszeit: 15 Minuten
Ruhezeit: 35 Minuten
Backzeit: 40 Minuten, 180°C Ober-/Unterhitze
Backutensilien: Kastenformen, 26 cm lang
Zutaten für 2 Brote

- 2 Knoblauchzehen
- 600 g Mehl
- 1 Würfel Hefe (42 g)
- 5 g Zucker
- 200 g Wasser, warm
- 100 g Milch
- 5 g Salz
- 40 g Öl
- 30 g Kräuter, frisch, gehackt (z.B. Thymian oder Rosmarin)
- 60 g Butter, in Stücken

mixtipp
Ein Klassiker beim Grillbuffet!

1. Zuerst schälst du die Knoblauchzehen, hackst sie 5 Sekunden/ Stufe 5 klein und schiebst sie anschließend mit dem Spatel nach unten. Dann gibst du Mehl, die zerbröselte Hefe, Zucker, Wasser, Milch, Salz, Öl und die Kräuter zum Knoblauch in den Mixtopf und knetest 1 Minute/ Teigknetstufe einen Teig.

2. Lass den Teig nun an einem warmen Ort (du kannst ihn dazu im Mixtopf lassen) 20 Minuten gehen. In der Zwischenzeit wärmst du die Butter in einem Topf auf, damit sie flüssig wird.

3. Wenn der Teig fertig gegangen ist, nimmst du, am besten mit „buttrigen“ Fingern, ein bisschen Teig (eine kleine Kugel), tunkst ihn in die flüssige Butter und legst das Teigstückchen in eine 26 cm lange Kastenform. Das wiederholst du, bis ungefähr die Hälfte des Teiges in kleinen Stückchen nebeneinander bzw. aufeinander in der Kastenform liegt. Die andere Hälfte des Teiges legst du genauso in die zweite Kastenform. Die restliche Butter jeweils obendrauf gießen.

4. Zum Schluss lässt du den Teig nochmals an einem warmen Ort ohne Zugluft, abgedeckt mit einem sauberen Küchentuch, 15 Minuten gehen und backst ihn anschließend 40 Minuten/ 180°C Ober-/Unterhitze ohne Vorheizen im unteren Drittel des Backofens.

WEITERE TITEL DER MIXTIPP-REIHE

Lieblingsrezepte
200 Seiten,
Format: 17 x 24 cm,
Hardcover,
durchgehend farbig bebildert,
ISBN: 978-3-945152-15-7, **14,99 €**

Ligurisches Risotto oder Quiche Lorraine, Couscous-Salat oder Grillhähndel-Traum – dieses Buch vereint die besten Rezepte für den Thermomix, die das Team mixtipp in den Bänden der mixtipp-Reihe gesammelt hat! Du planst ein festliches Buffet? Einen Brunch mit deinen Freunden? Oder sammelst du Ideen für dein Mittagessen mit der Familie? Mit dieser einzigartigen, bunten Vielfalt köstlicher Gerichte macht Kochen für alle Gelegenheiten Spaß!
Von A wie Arancini bis Z wie Zwiebelsuppe ist alles dabei, was ein Menü perfekt macht:
Köstliche Vorspeisen und Suppen, herzhaft-aromatische Snacks, Dips und Saucen, Desserts, die auf der Zunge zergehen, saftige Kuchen und fruchtige Marmeladen.
Alle Rezepte lassen sich wie immer leicht und schnell mit dem TM 5 und dem TM 31 zubereiten.

Die besten Rezepte
200 Seiten,
Format: 17 x 24 cm,
Hardcover,
durchgehend farbig bebildert,
ISBN: 978-3-8289-2853-4, **9,99 €**

Kürbisgnocchi, Kartoffelgratin, italienische Zucchinisuppe und Kichererbsensuppe, Burgerbrötchen und Rüblimuffins – die Experimentierfreude echter Thermomixer kennt keine Grenzen! Du hast die Snacks und Spezialitäten aus unseren Lieblingsrezepten durchprobiert und Lust auf mehr? Nicht verzagen, Neues wagen: Hier findet du fast 100 weitere Favoriten, die dem Team mixtipp und unseren Autoren besonders gut geschmeckt haben.
Vom Asiatopf bis zum Zitronensorbet ist alles zu finden, was das Thermoherz begehrt: Köstliche Vorspeisen, deftige Suppen, leckere Snacks und delikate Saucen harmonieren wunderbar mit frisch zubereiteten Hauptgerichten, bei denen jedem Thermomixer das Wasser im Munde zusammenläuft. Eine reichhaltige Auswahl an Gebäck und Desserts setzt das Sahnehäubchen auf dein Thermi-Menü, und auch für ein zünftiges Frühstück ist dank exquisiten Marmeladen und Aufstrichen gesorgt!

Die besten Menüs
3 Bücher im Schuber,
336 Seiten,
Format: 18 x 25 cm,
Hardcover,
durchgehend farbig bebildert,
ISBN: 978-3-96058-971-6, **19,99 €**

Ein perfektes Menü für jeden Anlass: Da kann einem schon einmal der Kopf qualmen. Doch keine Sorge, das Team mixtipp war fleißig und hat sich etwas einfallen lassen: Mit unserer Rezeptauswahl im praktischen Schuber hast du alle Ideen für ein leckeres 3-Gänge-Menü direkt zur Hand.
Nur die besten Vorspeisen wie Suppen, Salate, appetitanregende Snacks, Dips & Aufstriche haben es in das Vorspeisenbuch geschafft. Und auch die Rezeptsammlung zum Thema Hauptgerichte überzeugt mit einer Auswahl von Fisch-, Fleisch- und vegetarischen Gerichten. Den Höhepunkt jedes Menüs bildet zweifellos das Dessert. Hier kannst du als Gastgeber mit Gebäck und Torten, Puddings und Cremes, süßen Teilchen oder an heißen Sommertagen mit Eis, Getränken und Smoothies glänzen. Das Ergebnis: durchweg zufriedene Gesichter am Esstisch.